虞舜大典

陈仲庚 周亚平 张京华 潘雁飞 杨增和 肖献军 沈德康 诸文杰 王文西 辑录整理

湖南省舜文化研究会
湖南省舜文化研究基地
九疑山舜文化研究会

图像卷

上

岳麓書社

《虞舜大典·图像卷》编委会

凡例

一、本卷图像内容，凡与虞舜相关者皆可入选。图像主要采自湖南、山东、山西、河南、浙江、广东及广西七省区。

二、按图像内容性质，本卷分人文遗迹、相关活动、自然风光三部分。每一部分按湖南、山东、山西、河南、浙江、两广的顺序分六编进行编排。

三、本卷力求全方位展现虞舜文化在伦理、宗教、历史、文学、艺术、建筑等各个领域的影响，故设置了舜陵、舜帝祠庙、其他祠庙、纪念性建筑、文物考古与历史文献、祭祀典礼、学术活动、文艺创作、文化宣传九个三级栏目。

四、在选编过程中，精选了部分文物考古及历史文献书影图像，从时间角度来展示舜文化的历史继承性。

五、在附录部分，主要从《三才图会》等古籍中选录了虞舜时代人物及舜裔历代名人画像，并制作了《虞舜相关人物关系、履历与遗迹表》，揭示人文遗迹、自然风景等与舜帝的关系。

目 录

人文遗迹

一 湖南编

二 山东编

三 山西编

四 河南编

五 浙江编

六 两广编

相关活动

一 湖南编

二 山东编

三 河南编

四 山西编

五 浙江编

六 两广编

七 世界舜裔宗亲联谊会

自然风光

一 湖南编

二　山东编

三　山西编

四 河南编

五 浙江编

六 两广编

序

◎ 唐之亨

这是《虞舜大典》之《古文献卷》和《近现代文献卷》的姊妹篇，按照原来的设想，本卷定名为《考古卷》，并确定了一个基本的编辑原则：凡文字部分编入两部《文献卷》，图像部分则编入《考古卷》。但在图像收集整理的过程中，发现古代舜帝陵庙之类的图片虽然很多，但更多的是现代重建、新建的相关建筑的照片。为了给舜文化的研究、传承和影响——特别是在民间的影响以一个全面的视觉形象的介绍，编委会决定将本卷更名为《图像卷》，并扩大图像的辑录范围，不仅要将与舜文化相关的人文遗迹图片辑录进来，还要将各种活动的照片和相关的自然风光也辑录进来。这样一来，《图像卷》的内容就扩充为三大部分，即人文遗迹、相关活动和自然风光。它既包括考古图像但又不限于考古图像，其参考价值也有了更宽的拓展：从人文遗迹可以看出舜文化纵向影响的深远性，从现代活动则可看出横向影响的广泛性，自然风光则更是一个永久的见证，说明舜文化的影响如同九疑山三分石一样坚韧挺拔，万世不磨。

这里之所以要特别强调舜文化影响力的坚韧挺拔，万世不磨，是因为近现代以来舜文化曾一度受到严峻挑战。三皇五帝的时代是中华古代文明最初奠基的时代，舜帝作为三皇五帝的最后一帝，在归纳总结了三皇五帝的人类文明成果之后，以身作则、身体力行，形成了以孝为基础、以仁为核心的德治理念。春秋战国时代，孔子和孟子将舜帝的德治理念加以总结发挥，归纳为尧舜之道，后世儒家又在孔孟的基础上加以总结发挥，归纳为孔孟之道。尧舜之道与孔孟之道一脉相承，再经汉武帝“罢黜百家，独尊儒术”的推崇，舜文化一直作为主流思想影响中国数千年，其影响力从来就是不可撼动的。所以，清代学者崔述在《唐虞考信录·自序》中说：“《考信录》何以始于唐虞也？遵《尚书》之义也。《尚书》何以始于唐虞也？天下始平于唐虞故也。”“尧在位百年，又得舜以继之，作为《典》《谟》以纪其实，而史于是乎始。是以孔子祖述尧舜，孟子叙道统亦始于尧舜。然则尧舜者，道统之祖，治法之祖，而亦即文章之祖也。”可以说，尧舜之道是中华文明的祖源，是民族文化的根基。数千年来，中国人都对此深信不疑。但到了近代，中国落后挨打了。在总结落后挨打的原因时，很多人自然而然地便把矛头对准了孔孟之道，于是提出了“打倒孔家店”的口号；无独有偶，疑古派则从学术上否定尧舜的存在，并进而否定了尧舜之道的价值。学术与政治的结合，对中国文化根脉所造成的伤害，可以说是毁灭性的，时至今日，这种消极影响仍然没有完全消除。

客观地说，五四运动“打倒孔家店”，确实也让国人放下了思想包袱，大胆地学习西方的思想和科学技术，“拿来”了一切对中国有用的东西，使中国快步走向了图存图强的道路，快速改变了中国落后挨打的局面，大幅度提升了中国的硬实力。中国用一百年的历程，走完了西方世界用了三四百年才走完的路程，这不能不说是因为“放下包袱，轻装上阵”的结果。然而，由于在这一过程中，对中华民族具有文化根脉地位的孔孟之道、尧舜之道抱有轻视乃至蔑视的态度，没有注重对中国优秀传统文化的吸收和创新发展，使得中国在经济、科技等硬实力得到提升的同时，文化软实力却没有相应地提高。如果说硬实力没有提高的结果是落后挨打，软实力没有提高的结果则是落后挨骂。中国本来是文明古国、礼仪之邦，最强调文质彬彬的君子风度，但在今天的国人身上，确实再难见到这种风度，这不能不引起我们的深思。

2016 年 5 月 17 日，习近平同志《在哲学社会科学工作座谈会上的讲话》指出：“面对世界范围内各种思想文化交流交融交锋的新形势，如何加快建设社会主义文化强国、增强文化软实力、提高我国在国际上的话语权，迫切需要哲学社会科学更好发挥作用。”而要真正在国际上争到话语权，首先得有一套属于我们自己的话语体系。这套话语体系到哪里去找？习近平同志指明了努力方向：“绵延几千年的中华文化，是中国特色哲学社会科学成长发展的深厚基础。我说过，站立在 960 万平方公里的广袤土地上，吸吮着中华民族漫长奋斗积累的文化养分，拥有 13 亿中国人民聚合的磅礴之力，我们走自己的路，具有无比广阔的舞台，具有无比深厚的历史底蕴，具有无比强大的前进定力，中国人民应该有这个信心，每一个中国人都应该有这个信心。我们说要坚定中国特色社会主义道路自信、理论自信、制度自信，说到底是要坚定文化自信。文化自信是更基本、更深沉、更持久的力量。历史和现实都表明，一个抛弃了或者背叛了自己历史文化的民族，不仅不可能发展起来，而且很可能上演一场历史悲剧。”无疑，“文革”十年的浩劫，就是这场悲剧的最好注脚。而坚定的文化自信与尧舜之道坚忍不拔、万世不磨的影响力相结合，一定能够形成“更基本、更深沉、更持久”的文化软实力。借助这种文化软实力的推动作用，中国一定能够再创文明古国、礼仪之邦的辉煌，一定能够再现文质彬彬的君子风范。拿破仑曾说“中国是头沉睡的雄狮”，这头雄狮现在醒了，这是值得骄傲的；但我们不能以“人身狮面”示人，不能给世界留下粗鲁、粗野的印象。我们要走民族复兴之路，既要复兴民族经济，更要复兴民族文化，还要复兴我们的君子风范和人格魅力。

现在，有很多西方人指责中国是一个没有宗教的国度，是一个缺乏信仰的国度。之所以受到这种指责，一方面是因为现代中国确实有不少人缺乏信仰，另一方面也恰好证明中国是一个缺少世界话语权的国度。中国人确实不信上帝，但不能说中国没有信仰，中国人所信仰的是圣人，尧、舜、孔、孟就是中国人心目中的圣人，这就是中国人的信仰。有人将儒家学说称之为“儒教”，也是这个道理。这本《图像卷》所提供的一切图像资料，从总体上说就是“圣人信仰”的证明。从大禹开始，历朝历代的统治者或“遥祭”或派人来九疑山祭舜，几千年的香火绵延不绝，这是官方“圣人信仰”的证明；遍布全国各地的舜帝庙及其相关的庙会活动，是民间“圣人信仰”的证明；与舜帝相关的自然风光，是“圣人情结”的寄托，“圣人信仰”的外化；即便是现代的学术活动，也是“圣人信仰”的延伸。因此，信不信上帝是一回事，有没有信仰是另外一回事。其实，世界是丰富多彩的，信仰也应该是丰富多彩的，包括信仰的对象、信仰的形式在内，无疑也应该是多种多样的。

然而，对于指责我们也不能当成耳边风，我们也确实曾一度抛弃了圣人，舍弃了圣人信仰。时至今日，官方和民间的“圣人祭祀”活动已经广泛地开展起来了，但那多是为了促进旅游经济的发展，很难说是“圣人信仰”又恢复了。在某电视台的一个文化节目上，主持人提问：“大禹三过家门而不入，是为什么？”主持人自问自答："是因为有外遇了。"事后有人指责主持人太不严肃，主持人说是导演让他这样说的。大禹是为了治水，"三过家门而不入"，这件事不仅家喻户晓，而且令人肃然起敬。就是这样的圣人，这样神圣的事业，居然被拿来当作玩笑的谈资——圣人情何以堪？国人情何以堪？！在这样的境况中，"圣人信仰"何以恢复？中国人赖以生存的文化根脉何以接续？

往者亦可鉴，来者犹可追。这本《图像卷》从视觉形象上给读者提供了"往者"之"鉴"，更希望能够引起读者之思，并在此基础上奋起直追。

是为序。

人文遗迹

虞舜是中华民族的共同祖先，他在修身、齐家、为官、治国等具体实践中，以道德为本，开创了中华道德文明的先河。司马迁在《史记·五帝本纪》中说："天下明德皆自虞帝始。"故舜文化对中华民族精神的形成以及增强民族的凝聚力具有奠基性意义。

越是历史悠久的人或事，文化沉淀也就越深厚，影响也就越深远，因而也更值得后人传承与开发。在当代，许多文化名人成了争夺的焦点，如屈原、杜甫、李白等人，他们的故里和归葬之地都成了争夺的对象。舜帝更是如此，而且争夺不只是从现代才开始，从古代就开始了。如《帝王世纪》载："（舜）耕于历山之阳，耕者让畔。渔于雷泽，渔者让渊。"郑玄注曰："历山在河东，今有舜井。"皇甫谧云："今济阴历山是也，与雷泽相比。"而今山东、山西、浙江、河南、湖南、安徽等境内都有历山，甚至山东历山还有诸城、济南、菏泽之说。又如清乾隆二十九年刊本《诸城县志》关于舜出生地就有详细考辨如下："舜生地者自孟子始曰诸冯，且曰东夷之人。县为中夏东偏，城北十五里有村名诸冯，故前明职方地图'诸城'下特注：舜生处。此非其考证也耶？独《史记》曰：‘舜，冀州人。’按：古冀州，今顺天、山西地，必不能指为东夷也。”之所以出现这些争议，一方面与上古史料、文字的缺失相关，另一方面也反映出了舜帝在人们心中的崇高地位，他们都希望自己能和舜帝发生一点联系。关于舜帝的争议越激烈、越广泛，就越反映了虞舜文化影响之大。当这种争议演变为一场几近全国性争讨时，虞舜文化便不再是区域性文化，而成了对全国乃至全世界影响深远的文化了。

与舜帝相关的人文遗迹很多，几乎遍布了全国各省，其中主要分布在湖南、山东、山西、河南、浙江、广东、广西七省区。在《虞舜大典·图像卷》“人文遗迹”这部分中，主要收录了七省的四类人文遗迹：一是舜陵、舜庙，这是与舜帝直接相关的纪念性建筑物；二是与舜帝相关人物的庙宇，如帝尧庙、象庙、瞽首祠、二妃庙、丹朱庙、稷王庙、商均祠等；三是与舜帝相关的纪念性建筑，如以舜文化为主题的雕塑、广场、楼台、公园等；第四类较为特殊，主要是考古遗址与古籍的书影。如龙山文化遗址，出土的文物也许与舜并无直接关系，但有些可以确定是尧舜禹时期的文物，这从侧面证明了留存至今的人文遗迹并不是凭空虚构的，它们是尧舜禹部落曾活动于这一区域的见证。古籍书影则是从历史角度证明舜文化遗迹在某个朝代已存留在该地域，因而重建或者修复很有必要。

与舜文化相关的遗迹也多有争议，比如舜帝的出生地、少年生活地、中年履职地、老年归葬地都有不同的说法，这也是学术上很难明确的问题。在“人文遗迹”这部分中，编者搁置了学术上的争议，只要是与舜文化相关的遗迹、遗物都选录了进来。因而，这部分主要展示的是遗迹分布的广度以及对民众的深远影响。

一 湖南编

湖南是舜文化集中分布地区，据《史记·五帝本纪》载："（舜）践帝位三十九年，南巡狩，崩于苍梧之野。葬于江南九疑，是为零陵。"《山海经·海内经》亦云："南方苍梧之丘，苍梧之渊，其中有九疑山，舜之所葬，在长沙零陵界中。"

舜帝南巡路线，大致是自洞庭湖而南下，沿湘水而至零陵。故舜文化遗迹多分布在洞庭湖、湘水、潇水一线。如湘阴之舜帝庙、韶山之韶乐宫、蓝山之舜帝殿、临武之虞帝庙，但其中规模最大的是宁远的舜帝陵庙。

九疑一带官民祭祀舜帝，当在先秦时期就已经开始了，这可以从屈原的《离骚》《湘君》《湘夫人》等作品可以看出。汉代有正史开始确切记载，《史记·秦始皇本纪》："（三十七年）十一月行至云梦，望祀虞舜于九疑山。"《汉书·武帝纪》："五年冬，行南巡守，至于盛唐，望祀虞舜于九疑。"在长沙马王堆汉墓出土的西汉初期的古地图上，可以清楚看到以九根石柱代指舜陵所在地。此后，从唐宋直至元明清时期，宁远地区的祭舜活动从未间断。

宁远舜帝陵重建于二十世纪九十年代，占地600余亩，分为两个自然院落、九个单体建筑，从外入内有玉带桥、仪门、神道、山门、午门、拜殿、正殿、寝殿、左右厢房、左右碑房和碑廊，三面宫墙环绕；气势恢宏，结构严谨。宁远舜帝陵是中华儿女祭拜舜帝、追根溯源的"圣地"。

由于舜帝南巡，与舜帝相关的人物如丹朱、二妃、象也在历史和传说中进入了湖湘地区。《列女传》："舜陟方，死于苍梧，号曰重华。二妃死于江湘之间，俗谓之湘君。"《山海经·海内南经》："苍梧之山，帝舜葬于阳，帝丹朱葬于阴。"柳宗元《道州毁鼻亭神记》："鼻亭神，象祠也。

不知何自始立，因而勿除，完而恒新，相传且千岁。”这类祠庙相当多，如岳阳君山的湘妃祠和二妃墓，永州道县象庙、夔龙庙，还有零陵地区的潇湘庙等。此外，与舜帝相关的纪念性建筑就更多了，小者如亭台楼阁，大者如牌坊、公园、广场、纪念馆等，都无不深切体现了湖湘地区民众对舜帝的崇拜和敬意。

尤值一提的是宁远县关于舜帝庙遗址的考古发掘取得了重大成果，并建立起了舜帝庙遗址博物馆。考古的成果和玉琯岩、象岩、舜岩石刻，再加上各时期的《永州府志》《宁远县志》的记载，无不表明宁远舜帝陵、舜帝庙在历史上真实存在，并对当地百姓产生了深远的影响。

（一）舜 陵

永州·宁远九疑山舜帝陵新貌

永州・宁远九疑山舜帝陵全景

永州 · 宁远九疑山舜帝陵明德牌坊

永州 · 宁远九疑山舜帝陵金水桥

永州 · 宁远九疑山舜帝陵五进式宫殿

永州 · 宁远九疑山龙凤图腾柱

永州·宁远九疑山龙凤图腾柱及舜帝陵全景

永州 · 宁远九疑山舜帝陵山门远景

永州 · 宁远九疑山舜帝陵神道

永州・宁远九疑山舜帝陵山门侧影

永州・宁远九疑山舜帝陵西角楼

永州・宁远九疑山舜帝陵东角楼

永州・宁远九疑山舜帝陵午门

永州・宁远九疑山舜帝陵鼓楼

永州・宁远九疑山舜帝陵钟楼

永州 · 宁远九疑山舜帝陵厢房

永州 · 宁远九疑山舜帝陵厢房一角

永州·宁远九疑山舜帝陵拜殿

永州 · 宁远九疑山舜帝陵宫殿回廊（1）

永州 · 宁远九疑山舜帝陵宫殿回廊（2）

永州・宁远九疑山舜帝陵宫殿回廊（3）

永州・宁远九疑山舜帝陵宫殿回廊（4）

永州 · 宁远九疑山舜帝陵正殿远景

永州·宁远九疑山舜帝陵正殿丹陛

永州·宁远九疑山舜帝陵正殿天禄雕塑

永州 · 宁远九疑山舜帝陵正殿西焚表炉

永州 · 宁远九疑山舜帝陵正殿一角

永州 · 宁远九疑山舜帝陵舜帝金身塑像

永州 · 宁远九疑山舜帝陵寝殿

永州 · 宁远九疑山舜帝陵寝殿陵碑正面

永州・宁远九疑山舜帝陵抚瑶颂碑

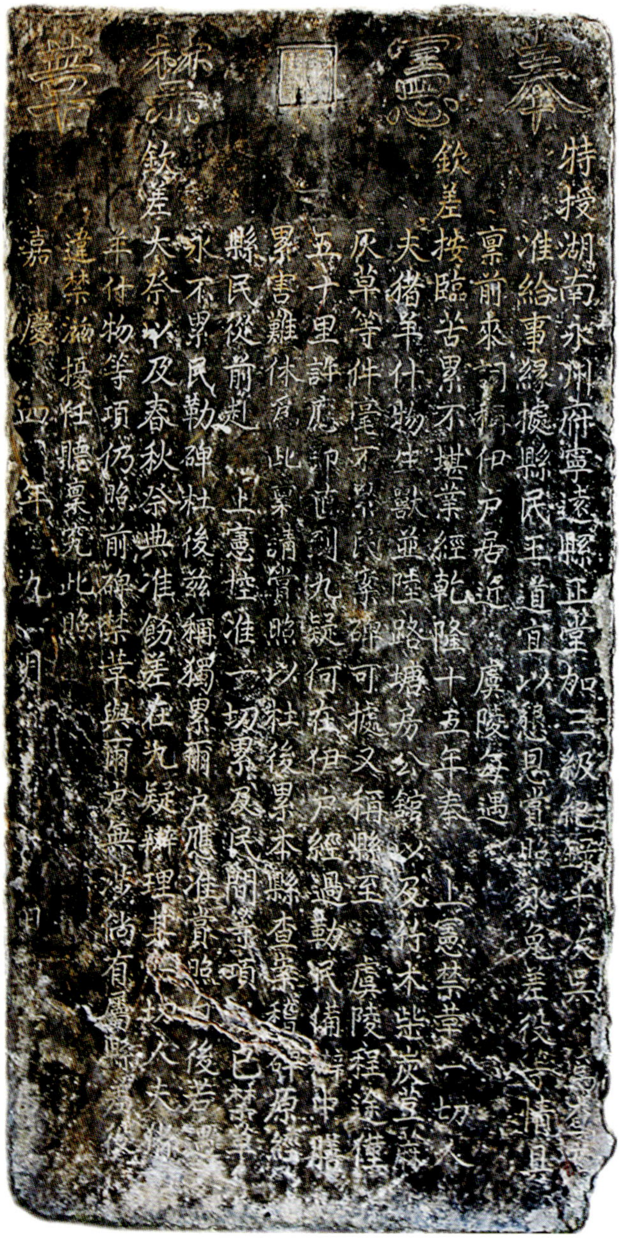

永州 · 宁远九疑山舜帝陵清嘉庆四年《奉宪禁采》碑

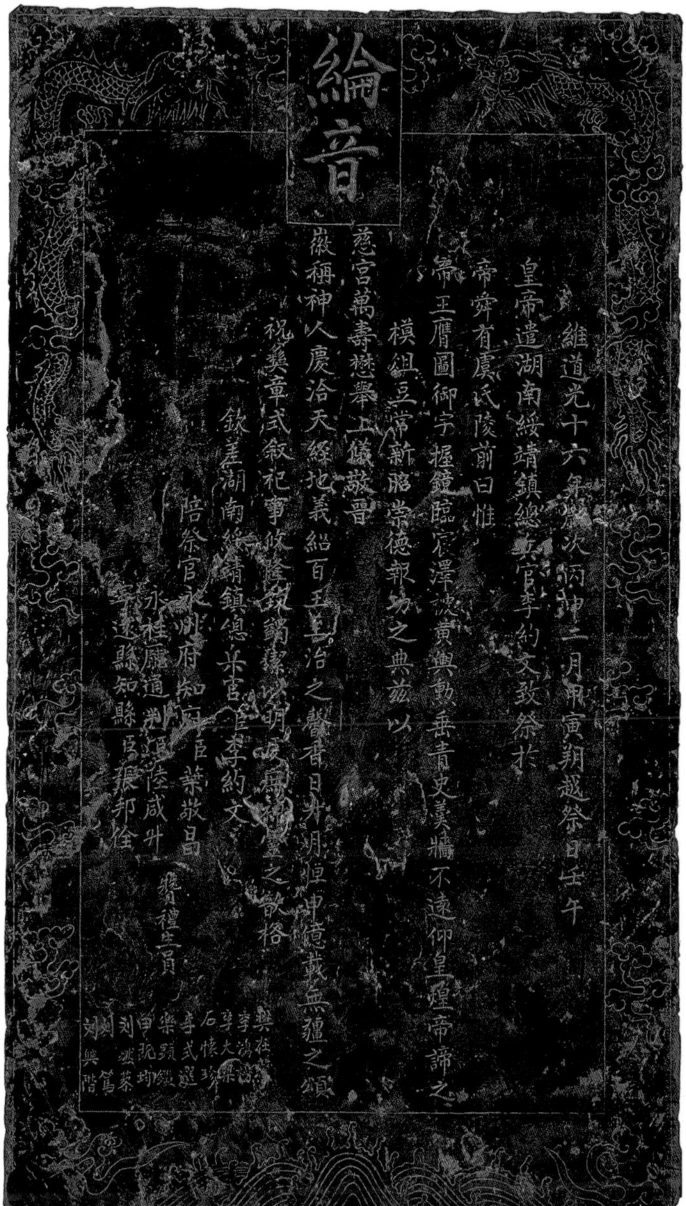

永州·宁远九疑山舜帝陵清道光十六年祭祀碑

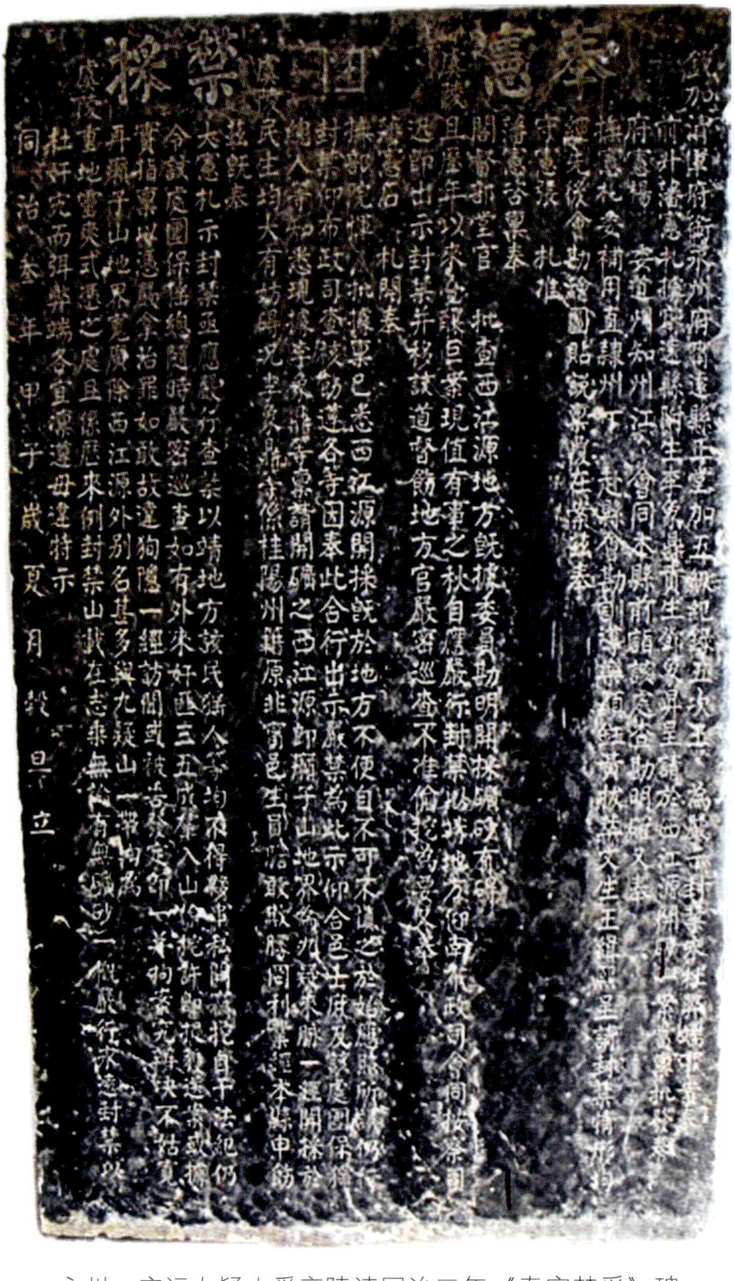

永州 · 宁远九疑山舜帝陵清同治三年《奉宪禁采》碑

永州·宁远九疑山舜帝陵清何绍基书祭祀碑

永州 · 宁远九疑山舜帝陵清光绪元年祭祀碑

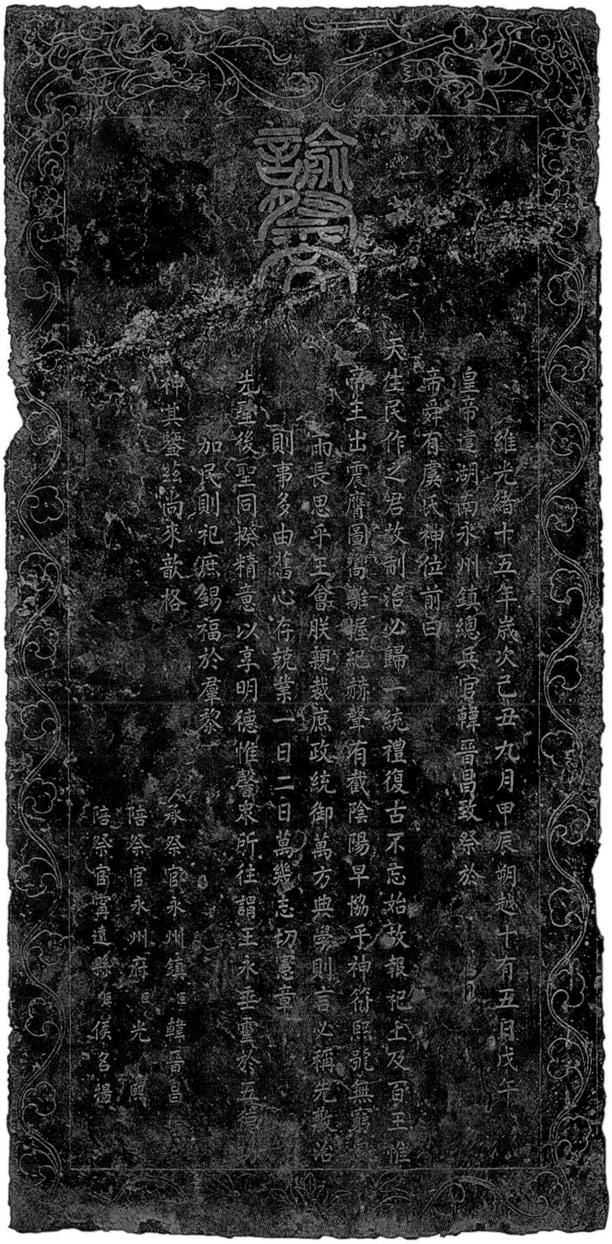

永州·宁远九疑山舜帝陵清光绪十五年祭祀碑

永州·宁远九疑山舜帝陵清宣统元年祭祀碑

永州・宁远九疑山舜帝陵现代石刻祭文 (1)

永州 · 宁远九疑山舜帝陵现代石刻祭文 (2)

永州 · 宁远九疑山舜帝陵现代石刻祭文 (3)

永州·宁远九疑山舜帝陵现代石刻祭文（4）

永州·宁远九疑山舜帝陵崇德坊

永州 · 宁远九疑山舜帝陵建筑石雕

永州 · 宁远九疑山舜帝陵建筑二龙戏珠石雕

永州 · 宁远九疑山舜帝陵建筑云龙石雕

永州 · 宁远九疑山舜帝陵石狮

永州 · 宁远九疑山舜帝陵碑林（1）

永州 · 宁远九疑山舜帝陵碑林（2）

永州·宁远九疑山舜帝陵建筑云龙石雕

永州·宁远九疑山舜帝陵石狮

永州 · 宁远九疑山舜帝陵碑林（1）

永州 · 宁远九疑山舜帝陵碑林（2）

永州·宁远九疑山舜帝陵碑林（3）

永州 · 宁远九疑山舜帝陵碑林石雕之屈原

永州·宁远九疑山舜帝陵碑林石雕之司马迁

永州 · 宁远九疑山舜帝陵碑林石雕之蔡邕

永州・宁远九疑山舜帝陵碑林石雕之李白

永州 · 宁远九疑山舜帝陵碑林石雕之杜甫

永州·宁远九疑山舜帝陵碑林石雕之元结

永州 · 宁远九疑山舜帝陵碑林石雕之刘禹锡

永州·宁远九疑山舜帝陵碑林石雕之柳宗元

永州·宁远九疑山舜帝陵碑林石雕之李郃

永州·宁远九疑山舜帝陵碑林石雕之苏轼

永州·宁远九疑山舜帝陵碑林石雕之朱熹

永州·宁远九疑山舜帝陵碑林石雕之陆游

永州 · 宁远九疑山舜帝陵碑林石雕之乐雷发

永州·宁远九疑山舜帝陵碑林石雕之元好问

永州 · 宁远九疑山舜帝陵碑林石雕之何绍基

永州·宁远九疑山舜帝陵“九嶷山舜帝陵”题字碑碑亭

永州·宁远九疑山舜帝陵“舜帝南巡”故事墙

永州·宁远九疑山舜帝陵游廊

永州・宁远九疑山舜帝陵广场绿化带

永州・宁远九疑山舜帝陵观景亭

永州 · 宁远九疑山舜帝陵二妃亭

永州·宁远九疑山舜帝陵舜井

永州 · 宁远九疑山舜帝陵石象

永州 · 宁远九疑山舜帝陵《史记》石刻

永州・宁远九疑山舜帝陵毛泽东《七律・答友人》石碑

永州 · 宁远九疑山舜帝陵如意夫妻柏

永州 · 宁远九疑山舜帝陵湘妃池

永州·宁远九疑山舜帝陵紫金台

（二）舜帝祠庙

永州蓝山舜帝殿

永州 · 蓝山舜帝殿远景

永州・蓝山舜帝殿近景

郴州临武舜峰寺、舜帝祠、虞帝庙

郴州 · 临武舜峰镇舜峰寺远景

郴州·临武舜峰镇舜峰寨舜帝祠近景

郴州 · 临武舜峰镇舜峰寨舜帝祠内舜帝像

郴州·临武舜峰镇舜峰寨虞帝庙

（三）其他祠庙

永州零陵潇湘庙

永州 · 零陵潇湘庙

永州 · 零陵潇湘庙侧面

永州·零陵潇湘庙内木构件雕花（1）

永州·零陵潇湘庙内木构件雕花（2）

永州·零陵潇湘庙内木构件雕花（3）

永州·零陵潇湘庙内木构件雕花（4）

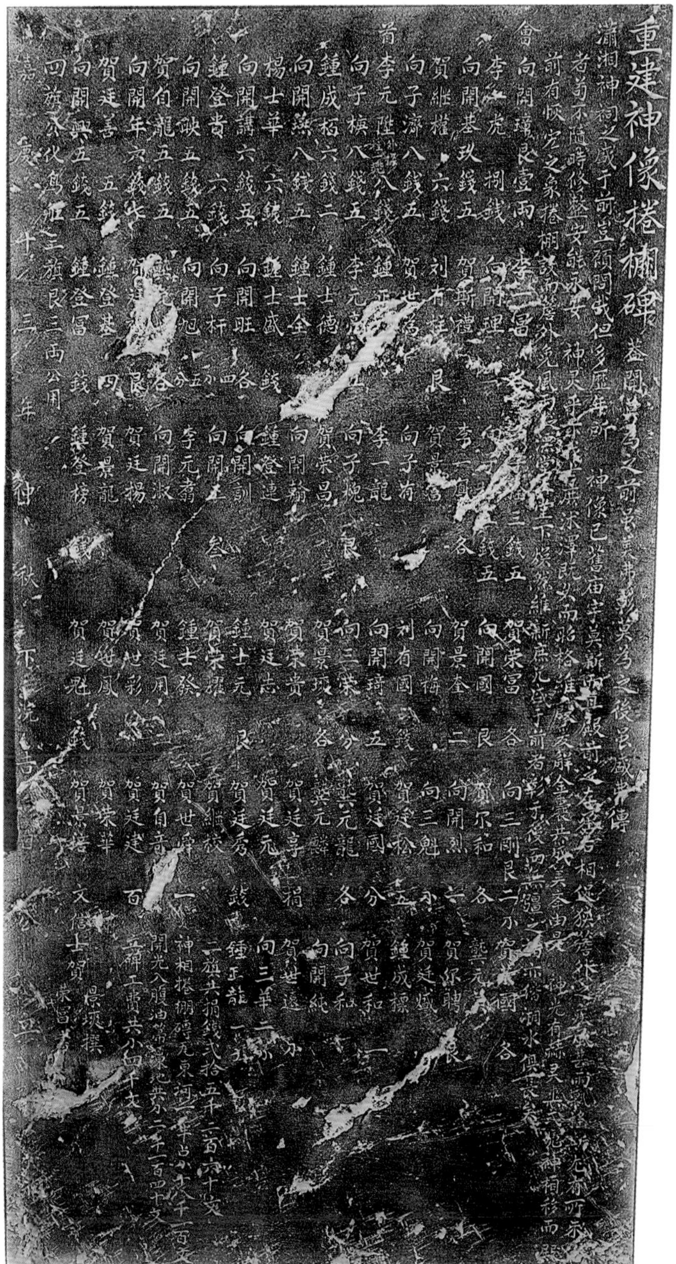

永州·零陵湘妃庙清嘉庆十三年《重建神像卷棚碑》碑刻

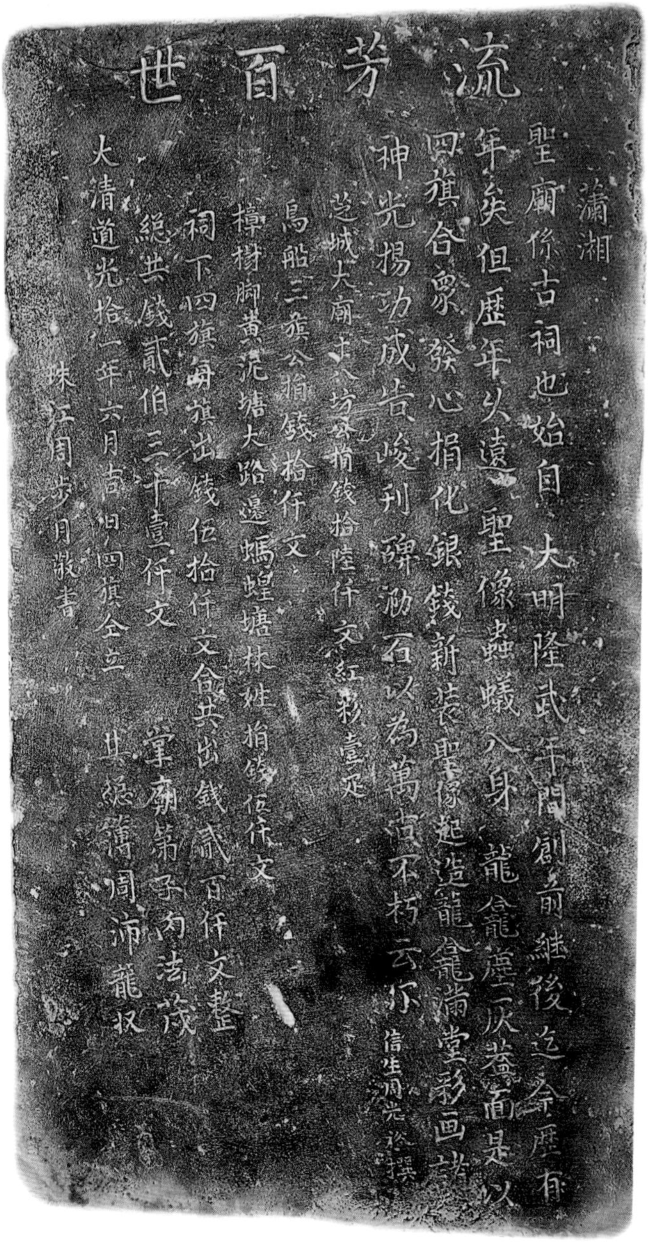

永州 · 零陵湘妃庙清道光十一年《流芳百世》碑

永州·零陵湘妃庙清同治四年《重修潇湘圣庙碑》碑刻

永州 · 零陵湘妃庙清同治十二年《重建正殿碑》碑刻

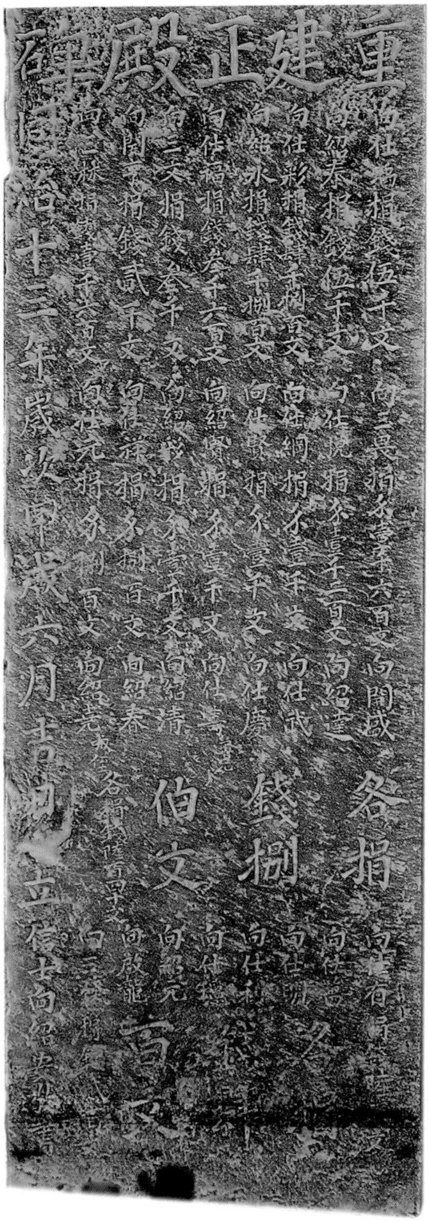

永州·零陵湘妃庙清同治十三年《重建正殿碑》碑刻

永州·零陵湘妃庙清光绪廿一年通天庙捐资芳名碑

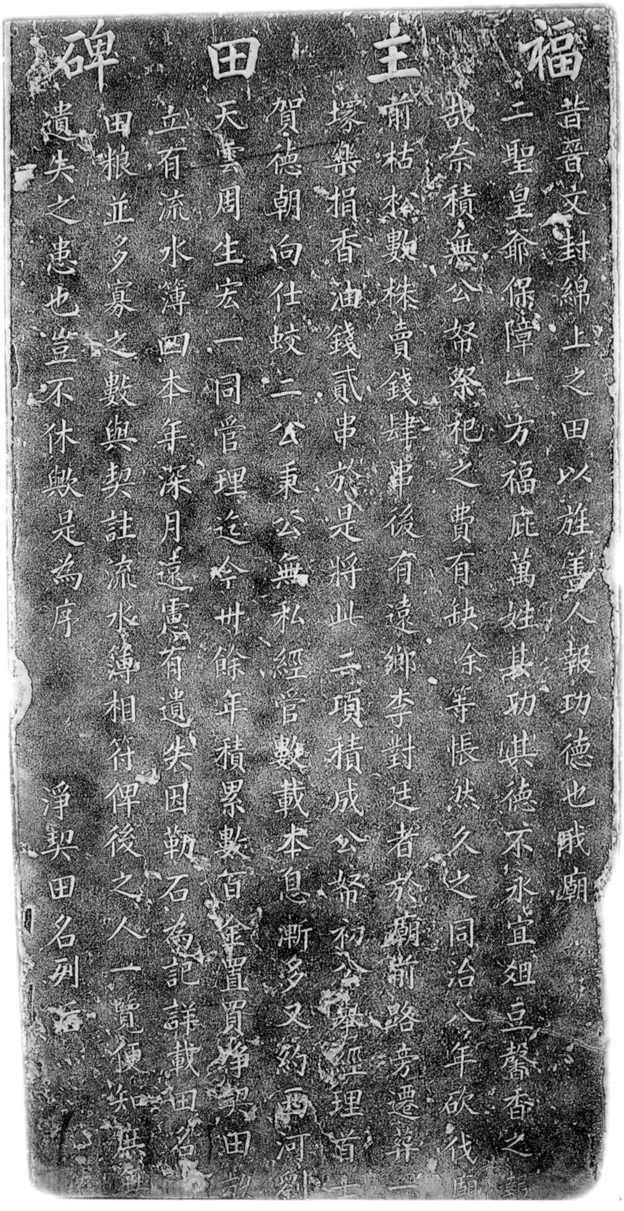

永州·零陵湘妃庙清光绪廿四年《福主田碑》碑刻正面

永州 · 零陵湘妃庙清光绪廿四年《福主田碑》碑刻碑阴

岳阳君山湘妃祠

岳阳·君山李白诗碑

岳阳·君山湘妃祠全景图

岳阳·君山湘妃祠近景

岳阳·君山湘妃祠前殿

岳阳 · 君山湘妃祠前殿二妃图

岳阳・君山湘妃祠壁画

岳阳・君山湘妃祠正殿匾额

岳阳 · 君山湘妃祠正殿舜帝二妃像

岳阳 · 君山湘妃祠正殿侍女塑像

岳阳·君山虞帝二妃墓远景

岳阳 · 君山虞帝二妃墓近景

岳阳 · 君山虞帝二妃墓封土

岳阳・君山虞帝二妃墓《祭湘妃文》碑刻

岳阳 · 君山虞帝二妃墓《祭二妃纪事》碑刻

岳阳·君山虞帝二妃墓《二妃墓序》碑刻

岳阳 · 君山虞帝二妃墓碑刻娥皇女英像

岳阳·君山虞帝二妃墓前屈原《湘君》碑刻

岳阳 · 君山虞帝二妃墓前“印心石屋”石刻

岳阳 · 君山虞帝二妃墓前长廊

岳阳·君山朱帆自书诗石刻

岳阳 · 岳阳楼王铎书李白《陪族叔刑部侍郎晔及中书贾舍人至游洞庭》石刻

岳阳·岳阳楼沿湖围栏王夫之《蝶恋花·君山浮》石刻

岳阳·岳阳楼沿湖围栏杨基《登岳阳楼望君山》石刻

岳阳 · 湘阴黄陵庙遗址

（四）纪念性建筑

宁远明德牌坊

永州·宁远明德牌坊

蓝山望疑亭、望疑桥

永州 · 蓝山望疑亭

永州·蓝山望疑桥

东安十里德文化景观长廊

永州 · 东安十里德文化景观长廊

永州·东安十里德文化景观长廊舜帝雕像

永州 · 东安十里德文化景观长廊娥皇女英二妃雕像

新田孝文化公园

永州·新田孝文化公园饶宗颐题额牌坊

永州 · 新田孝文化公园“孝”字雕塑

永州·新田孝文化公园舜帝雕塑

韶山风景区舜帝南巡纪念馆

湘潭 · 韶山市舜帝南巡纪念馆

湘潭·韶山市舜帝南巡纪念馆廊柱铭文

湘潭·韶山市胭脂古井

郴州临武舜峰镇中心广场舜帝像

郴州 · 临武舜峰镇中心广场舜帝像远景

郴州·临武舜峰镇中心广场舜帝像近景

郴州 · 临武舜峰镇中心广场舜帝像基座

郴州临武舜峰镇河滨公园舜帝像

郴州・临武舜峰镇河滨公园舜帝像近景

（五）文物考古与历史文献

宁远舜帝庙遗址

永州 · 宁远舜帝庙遗址鸟瞰

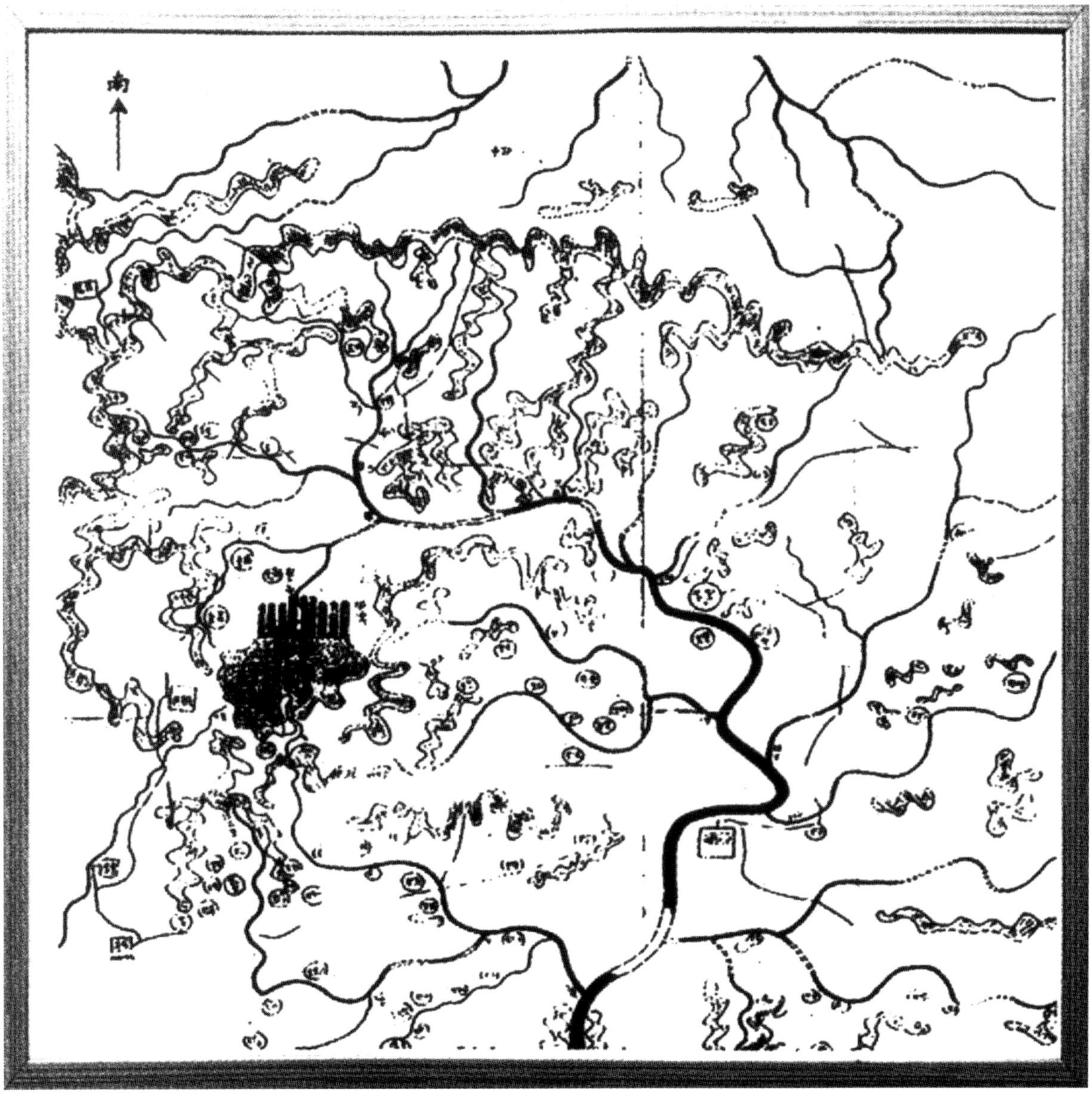

马王堆汉墓出土古地图

1972 年发掘出土的长沙马王堆三号汉墓中，出土了一幅世界上现存最早的帛书地图——《西汉初期长沙国深平防区图》（绘于公元前 168 年左右），图中绘有九疑山图形，以“帝舜”二字标示出九疑山为舜葬之地。

永州・宁远舜帝庙遗址简介

永州·宁远舜帝庙遗址发掘现场（1）

永州·宁远舜帝庙遗址发掘现场（2）

永州·宁远舜帝庙遗址发掘现场（3）

永州 · 宁远舜帝庙遗址发掘现场（4）

永州 · 宁远舜帝庙遗址发掘现场（5）

永州・宁远舜帝庙遗址发掘现场（6）

永州・宁远舜帝庙遗址古建筑露台及石柱础

永州 · 宁远舜帝庙遗址东汉早二期建筑遗存

永州 · 宁远舜帝庙遗址发掘出土的露台及铺地砖

永州·宁远舜帝庙遗址发掘出土的廊庑类建筑单元

永州 · 宁远舜帝庙遗址古建筑露台遗存

永州 · 宁远舜帝庙遗址古建筑遗存

永州・国家文物局专家黄景略、张忠培考察宁远县舜帝庙遗址

永州・学者李学勤观察宁远舜帝庙遗址出土文物

永州 · 考古专家就宁远舜帝庙遗址接受采访

永州 · 宁远舜帝庙遗址新闻发布会现场

宁远舜帝庙遗址博物馆

永州・宁远九疑山舜帝庙遗址博物馆外景

永州 · 宁远九疑山舜帝庙遗址博物馆展览陈列

永州 · 宁远九疑山舜帝庙遗址
博物馆一角

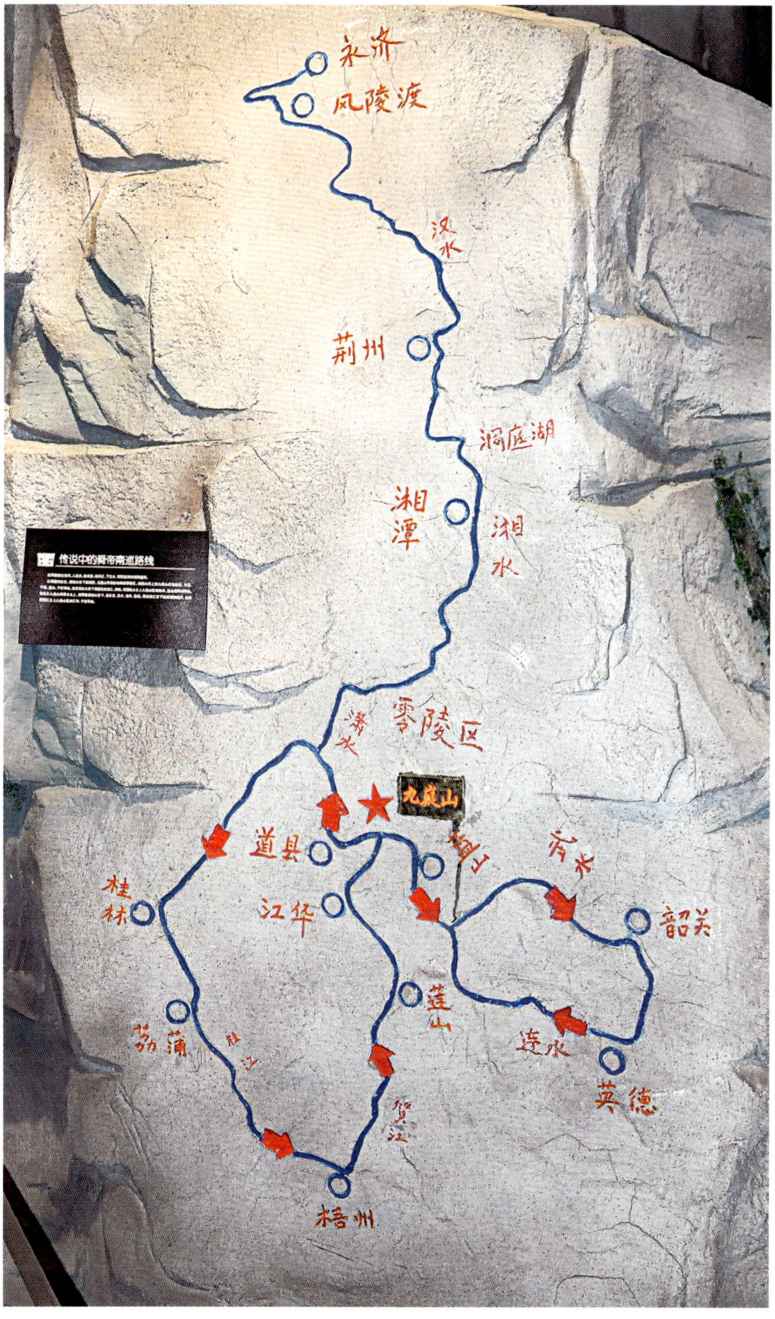

永州·宁远九疑山舜帝庙遗址博物馆《舜帝南巡路线图》

永州 · 宁远九疑山舜帝庙遗址博物馆舜帝塑像

永州·宁远九疑山舜帝庙遗址博物馆展出的出土陶罐

永州·宁远九疑山舜帝庙遗址博物馆展出的出土陶器残片

永州 · 宁远九疑山舜帝庙遗址博物馆展出的出土唐宋瓷器

永州 · 宁远九疑山舜帝庙遗址博物馆宋代舜帝庙复原模型

永州·宁远九疑山舜帝庙遗址博物馆展出的出土兽面纹瓦当

永州·宁远九疑山舜帝庙遗址博物馆展出的出土龙头构建

宁远玉琯岩石刻

永州 · 宁远九疑山玉琯岩碑林入口

永州 · 宁远九疑山玉琯岩宋代
李挺祖书“玉琯岩”摩崖石刻

永州·宁远九疑山玉琯岩宋代“九疑山”摩崖石刻

永州 · 宁远九疑山玉琯岩石刻（1）

永州 · 宁远九疑山玉琯岩石刻（2）

永州・宁远九疑山玉琯岩石刻（3）

永州 · 宁远九疑山玉琯岩石刻（4）

永州·宁远九疑山玉琯岩参天古木

宁远象岩石刻

永州 · 宁远象岩远景

永州 · 宁远象岩

永州 · 宁远象岩附近石雕

蓝山舜岩石刻

永州·蓝山舜岩

永州·蓝山舜岩溶洞

历史文献

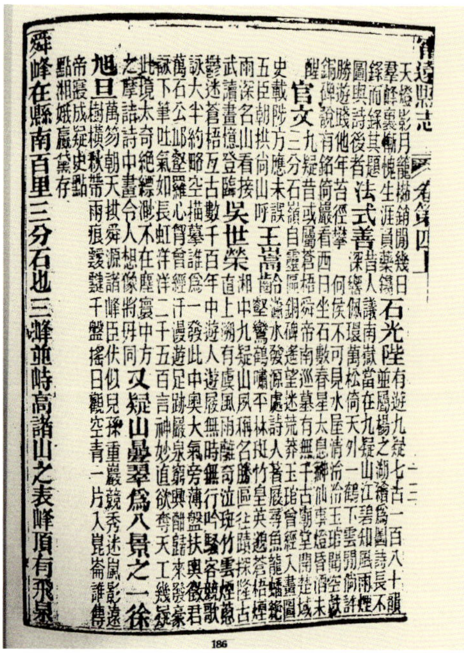

舜峰在縣南百里三分石也三峰並峙高諸山之表峰頂有飛泉

光绪元年刊本《宁远县志》所载“舜峰”

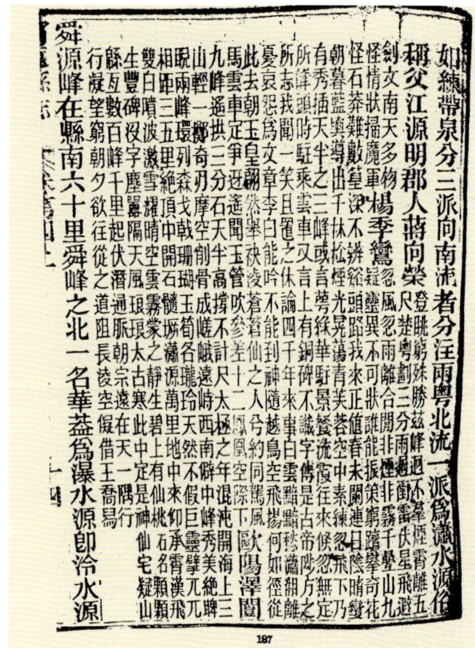

如練帶泉分三派向南流者分注兩粵北流一派爲瀟水源俗稱爻江源明郡人蔣向榮

舜源峰在縣南六十里舜峰之北一名華蓋爲瀟水源即泠水源

光绪元年刊本《宁远县志》所载“舜源峰”

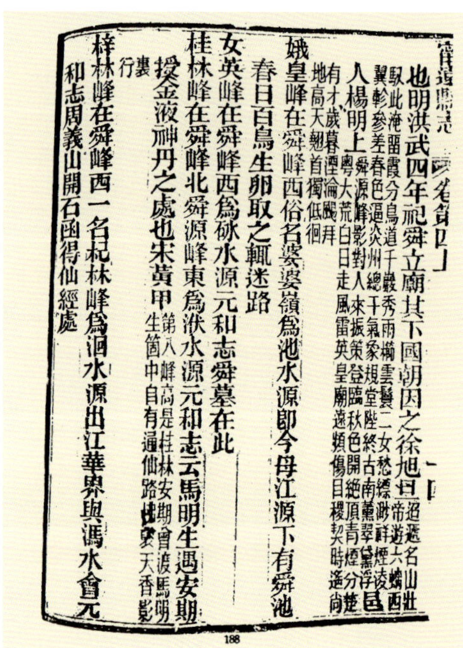

娥皇峰在舜峰西俗名婆婆嶺爲池水源即今母江源下有舜池

春日百鳥生卵取之輒迷路

女英峰在舜峰西爲砯水源元和志舜墓在此

梓林峰在舜峰西一名杞林峰爲泂水源出江華界與漓水會元和志周義山開石函得仙經處

光绪元年刊本《宁远县志》所载“娥皇峰”、“女英峰”

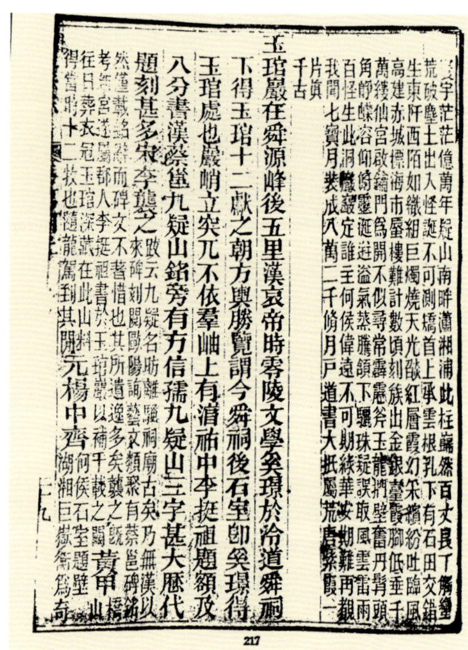

玉琯巖在舜源峰後五里漢哀帝時零陵文學奚景於泠道舜祠下得玉琯十二獻之

光绪元年刊本《宁远县志》所载“玉琯岩”

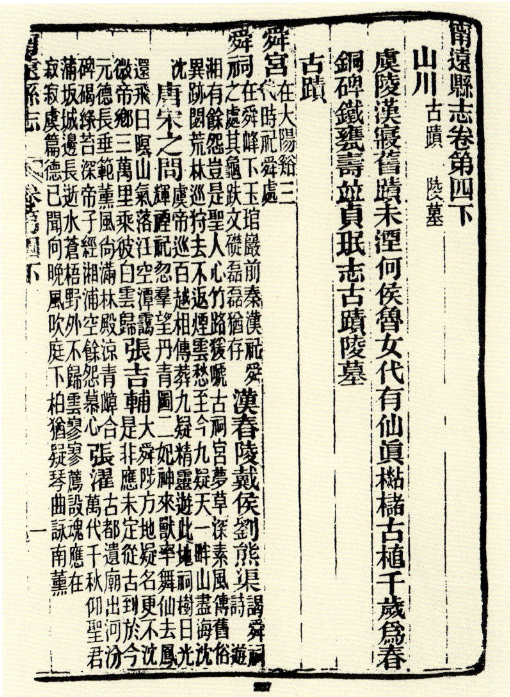

光绪元年刊本《宁远县志》所载“舜宫”、“舜祠”

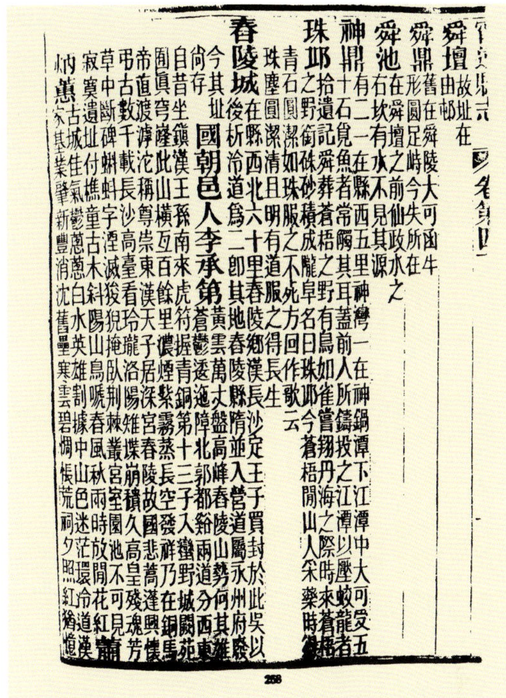

光绪元年刊本《宁远县志》所载“舜坛”、“舜鼎”、“舜池”

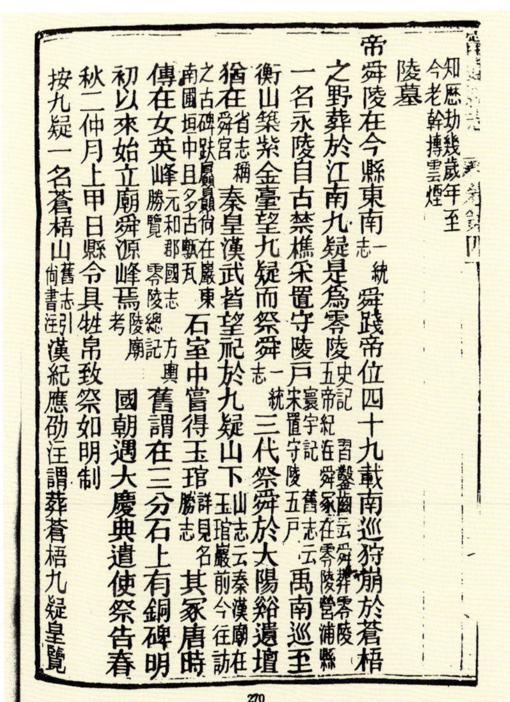

光绪元年刊本《宁远县志》所载“舜帝陵”

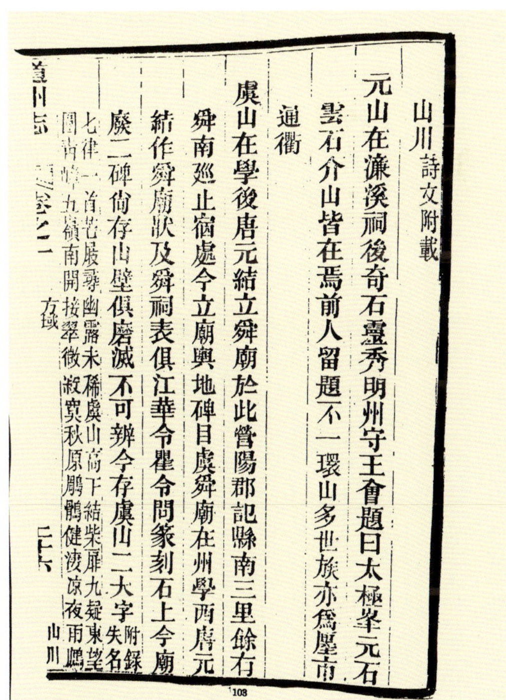

光绪三年刊本《道州志》所载“虞山”

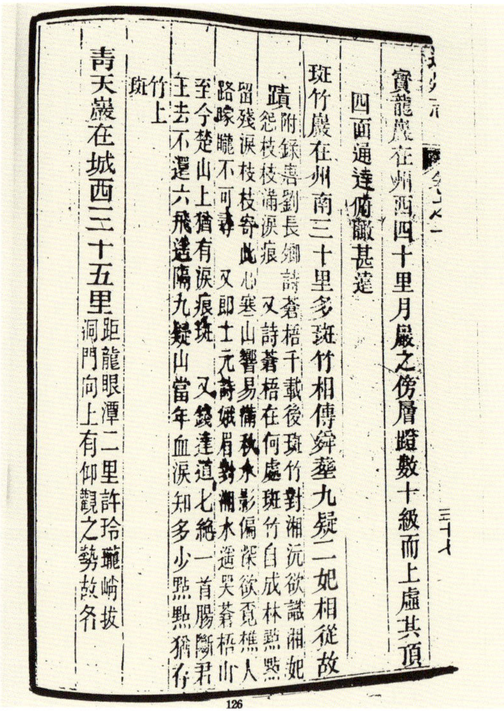
道州志 卷之二
寶龍巖在州西四十里月巖之傍層蹬數十級而上虛其頂
四面通達備敞甚遠
斑竹巖在州南三十里多斑竹相傳舜葬九疑二妃相從故
蹟附錄唐劉長卿詩蒼梧千載後斑竹對湘沅欲識湘妃
怨枝枝滿淚痕 又詩蒼梧在何處斑竹自成林點點
留殘淚枝枝寄此心寒山響易滿秋水影偏深欲覓樵人
路蹤朧不可尋 又郎士元詩娥眉對湘水遥哭蒼梧間
至今楚山上猶有淚痕斑 又錢逵道七絕一首腸斷君
王去不還六飛遥隔九疑山當年血淚知多少點點猶存
竹上斑
青天巖在城西三十五里距龍眼潭二里許玲瓏崎拔洞門向上有仰觀之勢故名
126

光绪三年刊本《道州志》所载“斑竹岩”

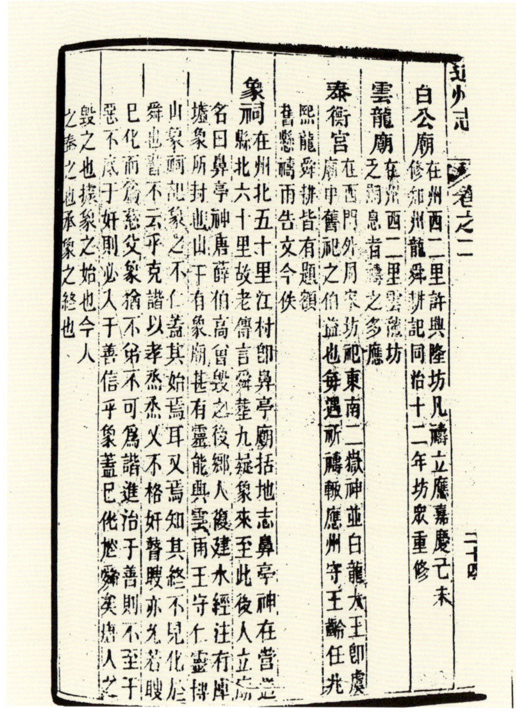
道州志 卷之二
白公廟在州西二里許興隆坊凡禱立應嘉慶己未
修知州龍舜耕記同治十二年坊衆重修
雲龍廟在州西二里雲龍坊之訶息者禱之多應
泰衡宮在西門外月字坊祀東南二嶽神並白龍大王即虞
廟中舊祀之伯益也每遇祈禱輒應州守王齡任兆
熙龍舜耕皆有題額舊懸禱雨告文今佚
象祠在州北五十里江村即鼻亭廟括地志鼻亭神在營道
縣北六十里故老傳言舜葬九疑象來至此後人立爲祠
名曰鼻亭神唐薛伯高嘗毁之後鄉人復建水經注有庳
墟象所封也山下有象廟甚有靈能興雲雨王守仁靈博
山象祠記象之不仁蓋其始焉耳又焉知其終不見化於
舜也書不云乎克諧以孝烝烝乂不格姦瞽瞍亦允若瞍
已化而爲慈父象猶不弟不可爲諧進治于善則不至于
惡不底于姦則必入于善信乎象蓋已化於舜矣唐人之
毁之也據象之始也今人
之奉之也承象之終也

光绪三年刊本《道州志》所载“象祠”

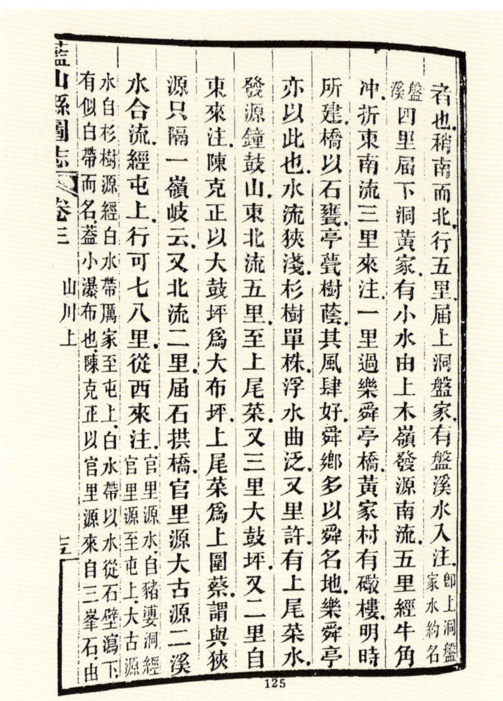
藍山縣圖志 卷三 山川上
者也稍南而北行五里屆上洞盤家有盤溪水入注即上洞盤家水約名
盤溪四里屆下洞黃家有小水由上木嶺發源南流五里經牛角
沖折東南流三里來注一里過樂舜亭橋黃家村有礮樓明時
所建橋以石甃亭覆樹蔭其風肆好舜鄉多以舜名地樂舜亭
亦以此也水流狹淺杉樹單株浮水曲泛又里許有上尾菜水
發源鐘鼓山東北流五里至上尾菜又三里大鼓坪又二里自
東來注陳克正以大鼓坪爲大布坪上尾菜爲上圍蔡謂與狹
源只隔一嶺岐云又北流二里屆石拱橋官里源大古源二溪
水合流經屯上行可七八里從西來注官里源水自豬婁洞經官里源至屯上大古源
水自杉樹源經白水帶厲家至屯上白水帶以水從石壁瀉下
有似白帶而名蓋小瀑布也陳克正以官里源來自三峯石由
125

民国二十二年刊本《蓝山县图志》所载“舜乡”

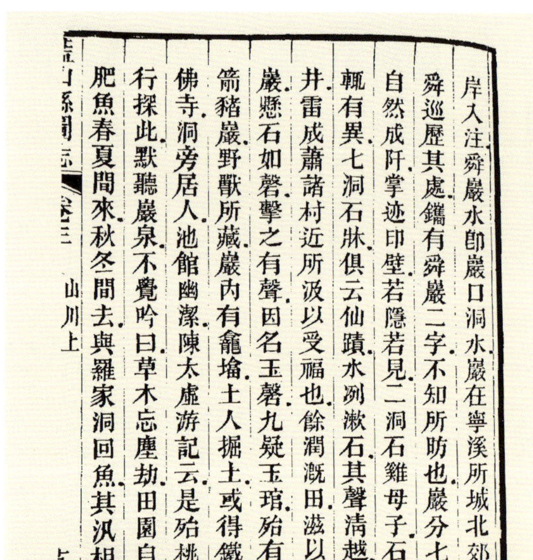
藍山縣圖志 卷三 山川上
岸入注舜巖水即巖口洞水巖在寧溪所城北郊六里傳爲虞
舜巡歷其處鐫有舜巖二字不知所昉也巖分七洞一洞石田
自然成阡掌迹印壁若隱若見二洞石雞母子石師逼肖深入
輒有異七洞石牀俱云仙蹟水冽漱石其聲清越洞口約石成
井雷成蕭諸村近所汲以受福也餘潤漑田滋以膏沃其上一
巖懸石如磬擊之有聲因名玉磬九疑玉琯殆有同音又上得
箭豬巖野獸所藏巖內有龜墖土人掘土或得鐵磬相傳昔係
佛寺洞旁居人池館幽潔陳太虛游記云是殆桃源眞境余曉
行探此默聽巖泉不覺吟曰草木忘塵劫田園自古今也巖出
肥魚春夏間來秋冬間去與羅家洞回魚其汎相反舜巖水行
131

民国二十二年刊本《蓝山县图志》所载“舜岩”

石榴峯皇英故祠

此石榴峯皇英故祠也，從鳳凰山迤邐而上，過澗緣阪，位祠於峯奥，下望村郭，如數家珍，慨然見翠華縹緲之迹。

民国二十二年刊本《蓝山县图志》“石榴峰皇英故祠”图

衡九面。瀟湘曲曲細如絲。

三峯石去舜祠四十里。高不可仞。瀑布飛空。晴天雨濛。其下有塚。以銅爲碑。傳爲舜陵。然碑字不可識也。阮敬濤有遊三峯石一律云。縹緲西巒疊翠濃。九峯不辨辨三峯。銅碑漶汗已無字。古塚微茫似有蹤。捫樹乍搖花蓓蕾。穿蘿難步草蒙茸。元郎圖記欲移嶽。每憶奇情一溢胸。

地望九疑。介藍山寧遠間。爲舜陵所在。縣南既以舜名鄉。諸境亦往往見舜廟皇英祠夔龍廟。望古遙集。託心揖讓之世。艮云勞矣。舊志錄宋之問舜祠詩云。虞世巡百越。相傳葬九疑。精靈游此地。祠樹日光暉。禋祭忽羣望。丹靑圖二妃。神來獸率舞。仙去鳳還飛。

藍山縣圖志 卷五 山川下 四

327

民国二十二年刊本《蓝山县图志》所载“三峰石”

日暝山氣落。江空潭靄微。帝鄉三萬里。乘彼白雲歸。熊渠舜廟懷古云。游湘有餘怨。豈是聖人心。行路猿啼古。祠宮舊草深。素風傳舊俗。異迹閟荒林。巡狩去不返。煙雲愁至今。九疑天一畔。山盡海沉沉。

皇英祠有二。一在石榴花峯。一在百疊山。明敎諭張朝臣皇英故祠詩云。二妃隨駕幸荒山。龍馭賓天望不還。滴盡九疑山下淚。千年湘竹尚含斑。王元壽云。英皇聖跡杳難攀。籐滿祠堂草滿山。瑟鼓空江人不見。淚凝修竹色成斑。蒼梧雲白還疑佩。藍嶺峯靑卻似鬟。何事南巡隨帝輦。淚傳遺怨在人間。譚震云。佩冷苔紋似帶。霜。詞人千載弔英皇。至今竹馬斑痕遍。在昔茅龍駕馭艮。雲向九

328

民国二十二年刊本《蓝山县图志》所载“皇英祠”

集觀亭　城西南二十五里。民國元年建

四維亭　城西南二十五里寧溪所。蔡崑山有序

舜義茶亭　城西南三十一里。民國元年建

葫蘆亭　城西南四十里。倒地葫蘆。光緒九年建。李紹琪有序

樂舜亭　城西南四十五

風水亭　城北四十里祠堂墟外。宣統二年曾繁銘繁守建

淨水亭　城北四十里。有井水可資灌溉。故名

福壽亭　城北四十二里。下路橋。咸豐間曾增章全章倡建

惠樂亭　城北四十里祠堂墟。嘉慶間楊宏謨曾玉

上爲洪觀墟通正誼墟要道

關公亭　城北三十七里

中桐山亭　城北三十八里

古院洞亭　城東北四十里。鳳感譚占甲造

下岐亭　城東北四

門里許

護龍亭　城東三十四里。鄒家下關

砠下亭　城東三十五里。鄒家村左

苦株亭　城東三十里。光緒間鄒樹藩兄弟爲其母建

豬兜亭　城東三十二里。鄒家對門豬兜冲

楂梨坳亭　城東三十六里。距牛頭山里許

鍾家橋亭　城東三十七里。圓通

藍山縣圖志 卷四 山川中 附亭表 五

259

民国二十二年刊本《蓝山县图志》所载“乐舜亭”

多神通。村人恆以三五年間設道場。義兼祈年敬祖。間放花圍助興。觀者如堵。而李十一郎。祀者頗衆。城南四十五里。大麻營之李十一郎廟尤盛。傳有靈異。又俗傳有三白公者。不知何神。能遷運人家錢物往來。城東五里。古城楊姓。祭之甚祕。歲必演唱。乃降福不爲害。北鄉有神。其象鐵鑄。短龕供奉。歲旱坎地埋鐵偶。巫醮之。乃掘土出偶。而曝於烈日中。則大雨。是皆理之不可解者。世有秋梁公。將區別而存廢之矣。

州志云。藍山居九疑之麓。故嚴事舜帝妃及諸臣云。其所列諸祠。有舜帝廟在舜鄉白田江。有帝妃廟在花果園。有夔廟在縣西二里夔山。有龍廟在大慈鄉。有餘若將軍廟在富陽里。若太郎廟在

940

民国二十二年刊本《蓝山县图志》所载“舜帝庙”

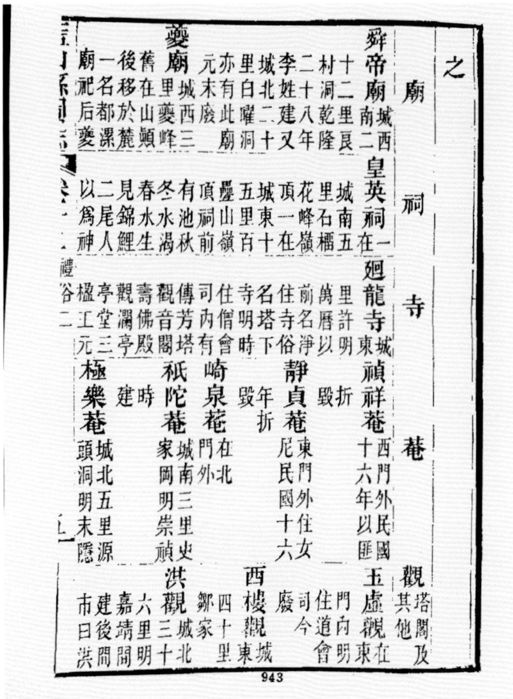

之廟祠寺菴

舜帝廟城西南二十二里艮村洞乾隆二十八年李姓建又城北二十里白曜洞亦有此廟元末廢

夔廟城西三里夔峰舊在山顛後移於麓一名都課廟祀后夔

皇英祠一在城南五里石檑嶺花峰頂一在城東十五里百壘山嶺頂祠前有池秋冬水渴春水生見錦鯉二尾人以爲神

迴龍寺城東里許明萬曆以前名淨住寺俗名塔下寺明時住僧會司內有傳芳塔觀音閣壽佛殿觀瀾亭亭堂三楹工元

禎祥菴西門外民國十六年以匪折毀

靜貞菴東門外住女尼民國十六年折毀

崎泉菴在北門外

祇陀菴城南三里史家岡明崇禎時建

極樂菴城北五里源頭洞明末隱

觀其他塔閣及

玉虛觀在東門內明住道會司今廢

西樓觀城東四十里鄒家

洪觀城北三十六里明嘉靖間建後間市日洪

943

民国二十二年刊本《蓝山县图志》所载“舜帝庙”、“皇英祠”、“夔庙”

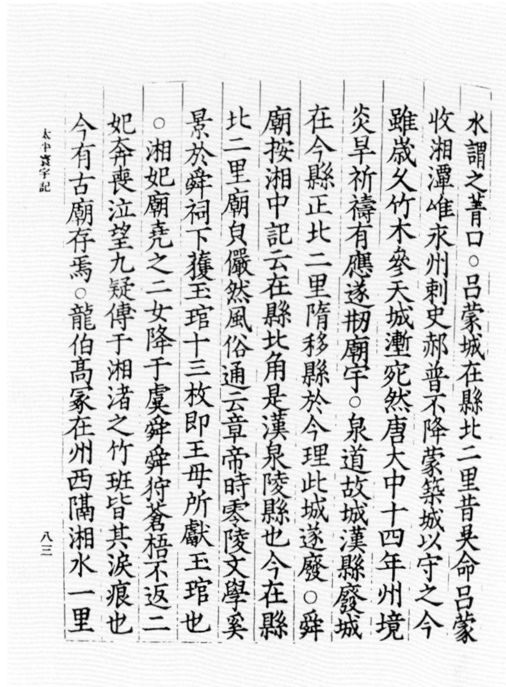

水謂之菁口。呂蒙城在縣北二里昔吳命呂蒙收湘潭唯永州刺史郝普不降蒙築城以守之今雖歲久竹木參天城塹宛然唐大中十四年州境炎旱祈禱有應遂刱廟宇。泉道故城漢縣廢城在今縣正北二里隋移縣於今理此城遂廢。舜廟按湘中記云在縣北角是漢泉陵縣也今在縣北二里廟貌儼然風俗通云章帝時零陵文學奚景於舜祠下獲玉琯十三枚即王母所獻玉琯也。湘妃廟堯之二女降于虞舜舜狩蒼梧不返二妃奔喪泣望九疑傳于湘渚之竹班皆其淚痕也今有古廟存焉。龍伯高冢在州西隅湘水一里

太平寰宇記　八三

《太平寰宇记》所载“舜庙”、“湘妃庙”

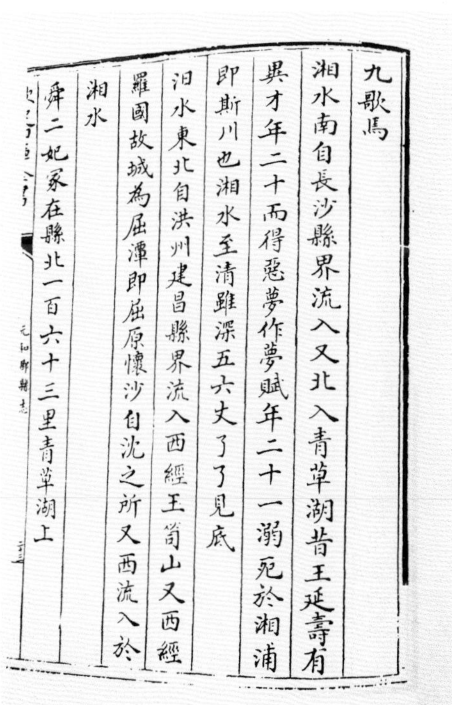

九歌焉

湘水南自長沙縣界流入又北入青草湖昔王延壽有異才年二十而得惡夢作夢賦年二十一溺死於湘浦即斯川也湘水至清雖深五六丈了了見底

汨水東北自洪州建昌縣界流入西經王笥山又西經羅國故城為屈潭即屈原懷沙自沈之所又西流入於湘水

舜二妃冢在縣北一百六十三里青草湖上

元和郡縣志

《元和郡县志》所载湘阴县“舜二妃冢”

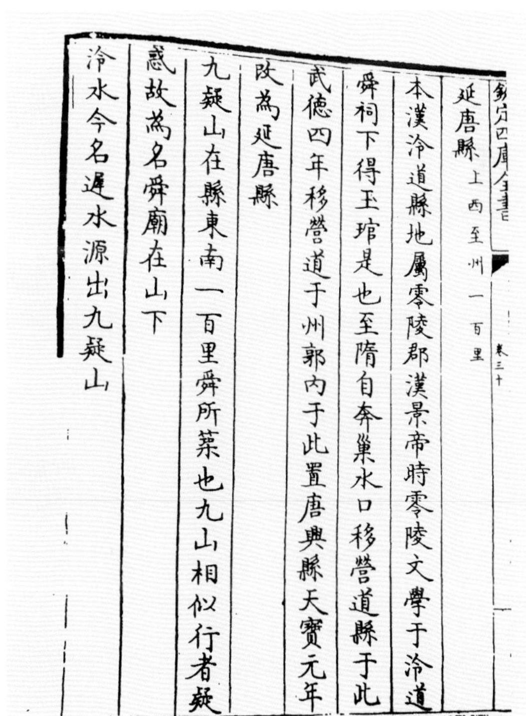

欽定四庫全書　卷三十

延唐縣上　西至州一百里

本漢泠道縣地屬零陵郡漢景帝時零陵文學于泠道舜祠下得玉琯是也至隋自奔巢水口移營道縣于此武德四年移營道于州郭內于此置唐興縣天寶元年改為延唐縣

九疑山在縣東南一百里舜所葬也九山相似行者疑惑故為名舜廟在山下

泠水今名遲水源出九疑山

《元和郡县志》所载延唐县“舜庙”

此地也

鼓樓山上有石室下瞰洞庭中容數千人羣盜逋藏之所俗謂分金洞統制官巡捕後遂少衰息按水經云洞庭鹿角山西有謹亭戍萬石戍糜湖口有金浦戍然則屯兵捕盜舊矣

烏石山在州南所謂烏頭石也其地五山相峙亦名五龍山下有港曰石墨港水中石如墨磨嚥之可愈喉膈壅熱之疾或云亦可代墨用

君山在洞庭湖中昔人有詩云四顧疑無地中流忽有山正謂此也夏秋水漲皆巨浸不可以陸行往近年冬深水落渡江肩舁以遊上有廟曰淵德侯洞庭君廟舊祠以爲湘君遂以爲二妃誤也上有野馬數十疋蓋昔之所獻馬歲久滋生山多古木少草夏秋食木皮多餓死故其數不充廣

君山崇勝寺舊楚興寺也有井曰柳毅井按靈姻傳始言還湘濱中言將歸吳國固無定處然則前人因事附文後人遂以爲實此亦好事者之過也

荆州記言君山上有道通吳之苞山今太湖亦有洞庭山亦潛通君山故得名耳山後響沙頓足聽之有聲酈善長言君山有石穴潛通吳之苞山

《岳阳风土记》所载“洞庭君庙”

郭景純謂巴陵是湘君所遊處故曰君山湘州記言秦皇欲入湘觀衡山遇風濤漂溺到此山而免因號君山或言秦皇遭風於此問博士曰湘君何神曰堯女舜妃也神遊洞庭之湖出入多風雨秦皇大怒乃赭其山漢武帝亦發卒以射蛟郡國志洞庭山院堯女居之內有君山然則君山洞庭之分耳博物志云君山卽洞庭之山堯之二女居之長曰湘君次曰湘夫人今黃陵廟二妃廟也

庾穆之湘州記云君山上有美酒數斗得飲之卽不死爲神仙漢武帝聞之齋居七日遣欒巴將童男女數十人來求之果得酒進御未飲東方朔在旁竊飲之帝大怒將殺之朔曰使酒有驗殺臣亦不死無驗安用酒爲帝笑而釋之寺僧云春時往往聞酒香尋之莫知其處

君山虎洞石穴夏秋水漲卽沒春冬水落卽露朝廷嘗遣使投龍于此歲旱邦人往往祈禱焉

君山東對艑山山多竹兩山相去數十里廻峙相望孤影若浮湘人以吳船爲艑山形類之故以名山上有塔曰啞女塔舊傳有商女祟病至此忽能言指其上可置塔其家爲之置塔因以名焉

《岳阳风土记》所载“二妃庙”

三 山东编

山东地区与舜帝相关的最早记载出自《孟子》。《孟子·离娄上》载:“舜生于诸冯，迁于负夏，卒于鸣条，东夷之人也。”据《史记》载，舜定都蒲坂。上古时期部落的迁徙，大多是沿河流进行的，如从蒲坂出发，沿黄河而东，也就能够到达东夷之地山东了，这可能也是山东成为舜文化集中分布地的主要原因。

山东舜文化的分布主要集中在三个地区：济南、菏泽、潍坊。另外，青岛、泰安、济宁等地区也略有分布。其中，与舜帝相关的祠庙有济南千佛山历山院舜祠、菏泽鄄城历山虞帝庙、潍坊诸城舜庙，使山东舜文化分布呈现出三足鼎立的局面。

《史记·五帝本纪》:“舜耕历山，渔雷泽，陶河滨，作什器于寿丘，就时于负夏。”既然舜的出生地在山东，少年生活之地也就在山东，历山、雷泽、河滨、寿丘、负夏也就自然在山东了。于是，诸冯之争、姚墟之争、历山之争、雷泽之争便时有发生，反映了舜帝在民众心中的影响力巨大。这种影响力也表现在后人建造的一系列与舜帝有关的祠庙或纪念性建筑上，如济南千佛山大舜石图园、济南趵突泉风景区娥英祠、济南历下区舜井等等。

在与舜文化相关的考古上，山东地区取得了巨大成就。在菏泽定陶，出土了虞舜时期的大量陶器，与定陶名称一起，有力证明了“舜陶于河滨”这一说法。除此之外，菏泽在历山庙遗址、尧帝陵遗址的发掘上取得了重大成功。诸城斗鸡台遗址出土了“舜陶”之蛋壳陶杯，成为了龙山文化的最具典型的代表作品。舜文化也通过石刻的形式在山东流传了下来，最为典型的有泰山“舜登孔至”石刻、曲阜孔庙石刻、鄄城历山庙石刻等。山东舜文化遗迹在山东地方志中也多有记载，历代的《诸城县志》《曹州府志》《历城县志》等记载甚详，反映出了舜文化在山东地区历朝历代的影响。

（一）舜帝祠庙

济南历下区千佛山历山院、石图园

济南·历下区千佛山（原名历山，下同）“千佛山”碑刻

济南·历下区千佛山历山院

济南 · 历下区千佛山历山院一览亭

济南 · 历下区千佛山一览亭斗拱舜帝故事画

济南・历下区千佛山历山院舜祠

济南・历下区千佛山舜祠舜帝像

济南·历下区千佛山历山院《舜典》石刻

济南 · 历下区千佛山《历山颂》石刻

济南·历下区千佛山三圣殿舜帝像

济南·历下区千佛山历山院重华楼

济南 · 历下区千佛山历山院后门

济南 · 历下区千佛山大舜石图园

菏泽鄄城历山虞帝庙

菏泽・鄄城历山虞帝庙

菏泽 · 鄄城历山虞帝庙舜耕历山古遗址

菏泽·鄄城历山虞帝庙舜王殿

菏泽·鄄城历山虞帝庙舜王殿匾额

菏泽 · 鄄城历山虞帝庙舜王殿舜帝像

菏泽 · 鄄城历山虞帝庙残碑

菏泽·鄄城历山虞帝庙龙泉舜井

菏泽 · 鄄城历山虞帝庙《龙泉舜井记》碑

菏泽·鄄城历山虞帝庙《重修舜庙记》碑

菏泽 · 鄄城历山虞帝庙明天启六年《重修历山舜祠记》碑

菏泽·鄄城历山虞帝庙《舜裔甄氏碑》碑刻

菏泽 · 鄄城历山虞帝庙功德碑

菏泽·鄄城历山虞帝庙碑（清孙星衍撰文）

潍坊诸城舜庙

潍坊 · 诸城舜庙

潍坊·诸城舜庙“德泽普施”坊

潍坊·诸城舜庙至德殿

潍坊 · 诸城舜庙舜王爷像

潍坊 · 诸城舜庙二妃像

（二）其他祠庙

济南历下区趵突泉风景区娥英祠

济南·历下区趵突泉风景区娥英祠

济南·趵突泉风景区娥英祠《重修娥英祠记》碑

（三）纪念性建筑

济南历下区舜井

济南·历下区舜井

（四）文物考古与历史文献

菏泽定陶考古遗址

菏泽 · 定陶十里铺北龙山文化遗址考古发掘现场

菏泽·定陶十里铺北龙山文化遗址出土文物（1）

菏泽·定陶十里铺北龙山文化遗址出土文物（2）

菏泽 · 定陶十里铺北龙山文化遗址出土文物（3）

菏泽 · 定陶十里铺北龙山文化遗址出土文物（4）

菏泽 · 定陶十里铺北龙山文化遗址出土文物（5）

菏泽·定陶官堌堆遗址（新石器时代至东周古文化遗址）

菏泽牡丹区尧帝陵遗址

菏泽 · 牡丹区尧帝陵遗址

潍坊诸城舜文化遗址

潍坊·诸城斗鸡台龙山文化遗址

潍坊·诸城舜出生地诸冯遗址

潍坊 · 诸城龙山文化时期代表“舜陶”之蛋壳陶杯

泰安泰山石刻

泰安·泰山“气通帝座”“凤凰山”石刻（舜所在东夷部落以凤凰为图腾）

舜至孔登

曲阜孔庙碑刻

曲阜·孔庙《御制重修孔庙碑》关于“尧舜之道”的记载

“大哉虞舜展”展出的出土文物

大汶口文化八角星纹彩陶豆

大汶口文化灰陶大口尊

大汶口文化獐牙勾形器

龙山文化白陶鬶

龙山文化蛋壳黑陶高柄杯

龙山文化刻文陶片

龙山文化磨光黑陶鼎

龙山文化兽面纹玉圭

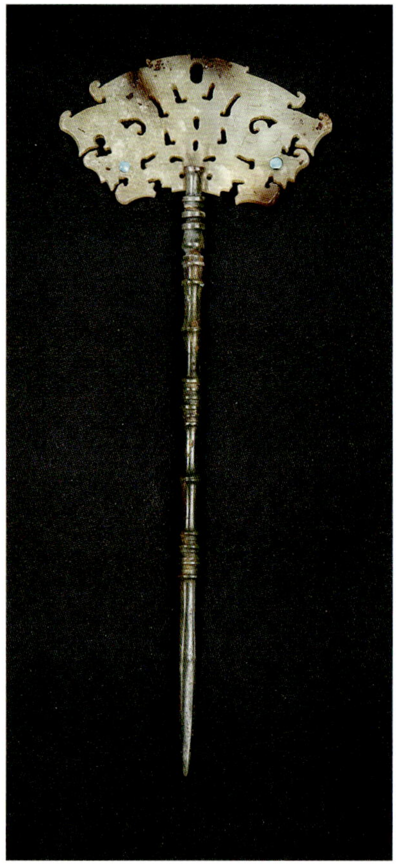

龙山文化玉冠饰

历史文献

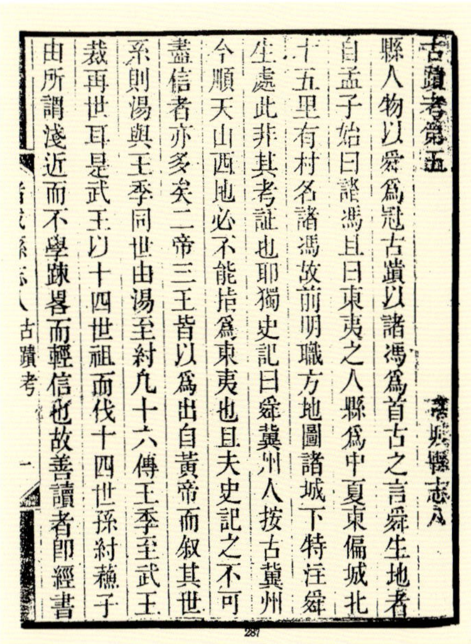
古蹟考第五　諸城縣志八

縣人物以舜爲冠古蹟以諸馮爲首古之言舜生地者
自孟子始曰諸馮且曰東夷之人縣爲中夏東偏城北
十五里有村名諸馮故前明職方地圖諸城下特注舜
生處此非其考證也耶獨史記曰舜冀州人按古冀州
今順天山西地必不能指爲東夷也且夫史記之不可
盡信者亦多矣二帝三王皆以爲出自黃帝而叙其世
系則湯與王季同世由湯至紂凡十六傳王季至武王
裁再世耳是武王以十四世祖而伐十四世孫紂蘓子
由所謂淺近而不學疏畧而輕信也故善讀者即經書

諸城縣志八　古蹟考　一

287

清乾隆二十九年刊本《诸城县志》关于舜出生地的考辨（1）

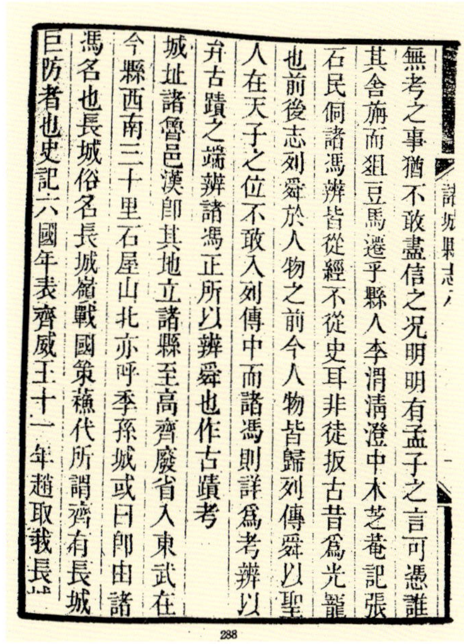
無考之事猶不敢盡信之况明明有孟子之言可憑誰
其舍旃而狃豆馬遷乎縣人李渭清澄中木芝菴記張
石民侗諸馮辨皆從經不從史耳非徒扳古昔爲光寵
也前後志列舜於人物之前今人物皆歸列傳舜以聖
人在天子之位不敢入列傳中而諸馮則詳爲考辨以
弁古蹟之端辨諸馮正所以辨舜也作古蹟考
城址諸曾邑漢郎其地立諸縣至高齊廢省入東武在
今縣西南三十里石屋山北亦呼季孫城或曰即由諸
馮名也長城俗名長城嶺戰國策蘓代所謂齊有長城
巨防者也史記六國年表齊威王十一年趙取我長城

諸城縣志八　二

288

清乾隆二十九年刊本《诸城县志》关于舜出生地的考辨（2）

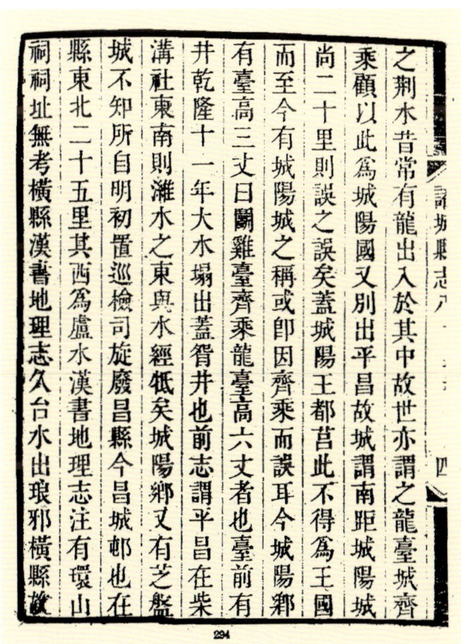
之荆水昔常有龍出入於其中故世亦謂之龍臺城齊
乘顧以此爲城陽國又別出平昌故城謂南距城陽城
尚二十里則誤之誤矣蓋城陽王都莒此不得爲王國
而至今有城陽城之稱或即因齊乘而誤耳今城陽鄉
有臺高三丈曰鬭雞臺齊乘龍臺高六丈者也臺前有
井乾隆十一年大水塌出蓋胥井也前志謂平昌在柴
溝社東南則濰水之東與水經舛矣城陽鄉又有芝盤
城不知所自明初置巡檢司旋廢昌縣今昌城邨也在
縣東北二十五里其西爲盧水漢書地理志注有環山
祠祠址無考橫縣漢書地理志久台水出琅邪橫縣故

諸城縣志八　四

294

清乾隆二十九年刊本《诸城县志》关于斗鸡台的记载

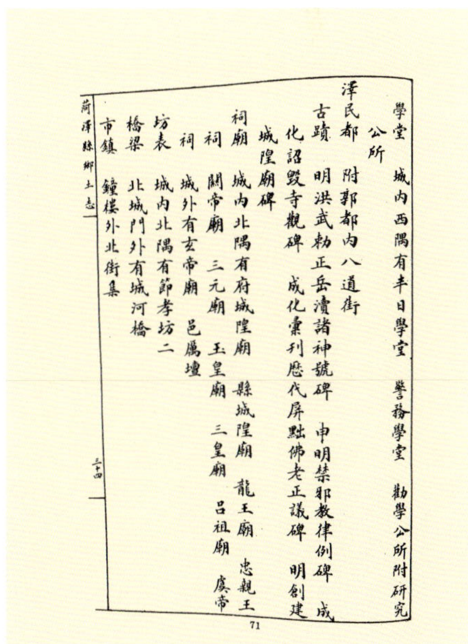
學堂　城內西隅有半日學堂　警務學堂　勸學公所附研究
公所
澤民都　附郭都內八道街
古蹟　明洪武勅正岳瀆諸神號碑　申明禁邪教律例碑　成
化詔毀寺觀碑　成化彙刊歷代屏黜佛老正議碑　明創建
城隍廟碑
祠廟　城內北隅有府城隍廟　縣城隍廟　龍王廟　忠親王
祠　關帝廟　三元廟　玉皇廟　三皇廟　呂祖廟　虞帝
祠　城外有玄帝廟　邑厲壇
坊表　城內北隅有節孝坊二
橋梁　北城門外有城河橋
市鎮　鐘樓外北街集

菏澤縣鄉土志　三十四

71

清光绪三十四年石印本《菏泽县乡土志》关于“虞帝祠”的记载

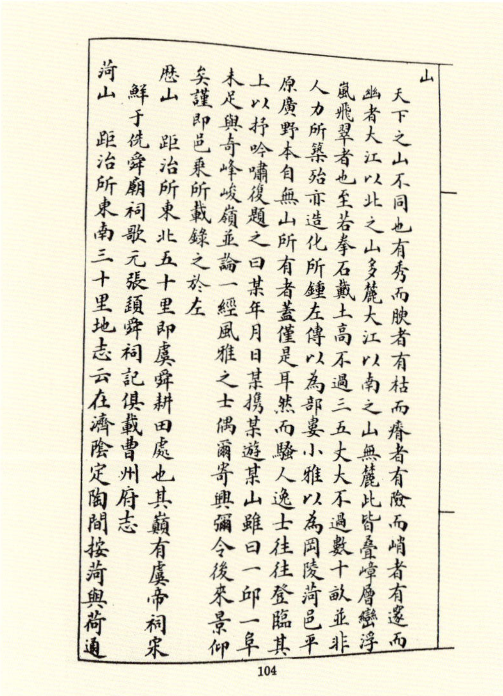

山

天下之山不同也有秀而腴者有枯而瘠者有險而峭者有邃而幽者大江以北之山多麓大江以南之山無麓此皆疊嶂層巒浮嵐飛翠者也至若拳石戴土高不過三五丈大不過數十畝並非人力所築殆亦造化所鍾左傳以為部婁小雅以為岡陵菏邑平原廣野本自無山所有者蓋僅是耳然而騷人逸士往往登臨其上以抒吟嘯復題之曰某年月日某携某遊某山雖曰一邱一阜未足與奇峰峻嶺並論一經風雅之士偶爾寄興彌令後來景仰矣謹即邑乘所載錄之於左

歷山　距治所東北五十里即虞舜耕田處也其巔有虞帝祠宋鮮于侁舜廟祠歌元張頴舜祠記俱載曹州府志

菏山　距治所東南三十里地志云在濟陰定陶間按菏與荷通

104

清光绪三十四年石印本《菏泽县乡土志》关于历山的记载

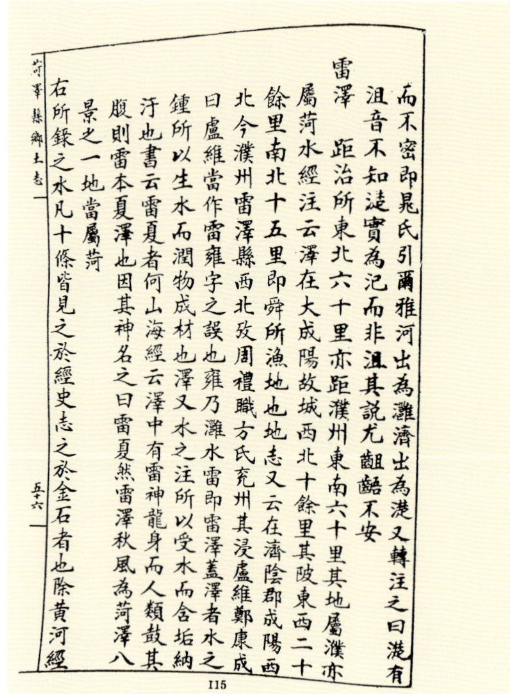

菏澤縣鄉土志　五十六

而不密即晁氏引爾雅河出為灉濟出為濋又轉注之曰濋有沮音不知濋實為汜而非沮其說尤齟齬不安

雷澤　距治所東北六十里亦距濮州東南六十里其地屬濮亦屬菏水經注云澤在大成陽故城西北十餘里其陂東西二十餘里南北十五里即舜所漁地也地志又云在濟陰郡成陽西北今濮州雷澤縣西北攷周禮職方氏兗州其浸盧維鄭康成曰盧維當作雷雍字之誤也雍乃灉水雷即雷澤蓋澤者水之鍾所以生水而潤物成材也澤又水之注所以受水而含垢納汙也書云雷夏者何山海經云澤中有雷神龍身而人類鼓其腹則雷本夏澤也因其神名之曰雷夏然雷澤秋風為菏澤八景之一地當屬菏

右所錄之水凡十條皆見之於經史志之於金石者也除黃河經

I15

清光绪三十四年石印本《菏泽县乡土志》关于雷泽的考辨

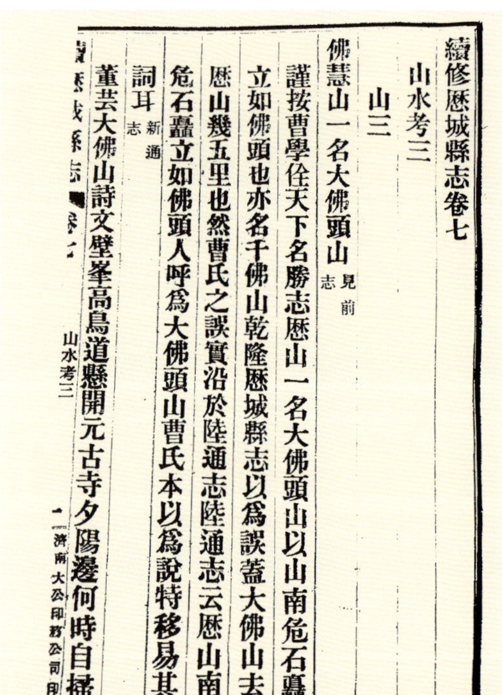

續修歷城縣志卷七

山水考三

山三

佛慧山一名大佛頭山 見前志

謹按曹學佺天下名勝志歷山一名大佛頭山以山南危石矗立如佛頭也亦名千佛山乾隆歷城縣志以為誤蓋大佛山去歷山幾五里也然曹氏之誤實沿於陸通志陸通志云歷山南危石矗立如佛頭人呼為大佛頭山曹氏本以為說特移易其詞耳 新通志

董芸大佛山詩文壁峯高鳥道懸開元古寺夕陽邊何時自掃

續歷城縣志　卷七　山水考三　一　濟南大公印務公司印

民国十五年排印本《续修历城县志》关于“历山”的记载

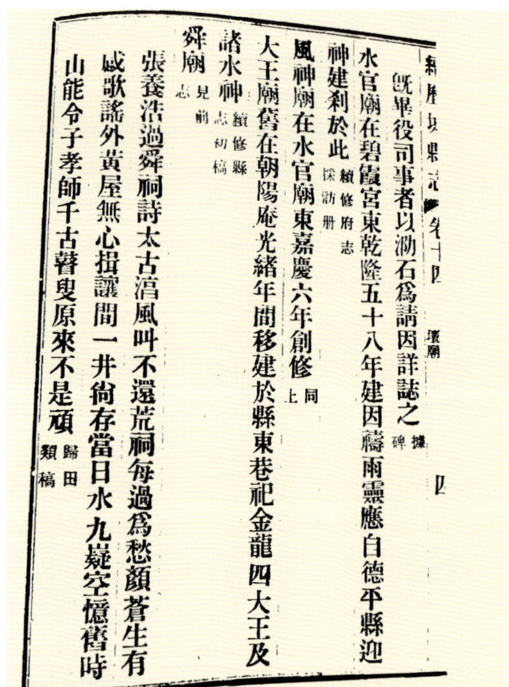

續歷城縣志　卷十四　壇廟　四

既畢役司事者以泐石為請因詳誌之 據碑

水官廟在碧霞宮東乾隆五十八年建因禱雨靈應白德平縣迎神建刹於此 續修府志採訪冊

風神廟在水官廟東嘉慶六年創修 同上

大王廟舊在朝陽庵光緒年間移建於縣東巷祀金龍四大王及諸水神 續修縣志初稿

舜廟 見前志

張養浩過舜祠詩太古湻風叫不還荒祠每過為愁顏蒼生有感歌謠外黃屋無心揖讓間一井尚存當日水九嶷空憶舊時山能令子孝師千古瞽叟原來不是頑 歸田類稿

762

民国十五年排印本《续修历城县志》关于“舜庙”的记载

三 山西编

舜帝传说遗迹在山西分布密集，主要分布在运城、临汾和晋中三市。《孟子·离娄上》云："舜生于诸冯，迁于负夏，卒于鸣条，东夷之人也。"这是对舜的归葬地的较早记载，运城也因此与舜帝有了更多联系。

山西舜帝陵位于运城市的鸣条岗西端，分舜帝大道、舜帝广场、舜帝公园、舜帝陵庙四大部分。陵冢启于禹时，陵庙始建于唐开元二十六年（738）。舜帝陵占地1778亩，分为景区和陵区。山门以南为景区，自南向北依次为石牌坊、重华桥、娥皇桥、女英桥、护城河、古柏广场、舜歌南风坐像。进入山门，即为陵区，舜帝陵冢高9尺，基座呈四方形，每边长约4丈。元代献殿、清代享厅排于前，关公祠、羖首祠列于左右。陵后为皇城，又名"离乐城"。皇城城墙高大雄伟，城内以戏楼、卷棚、献殿、正殿、寝宫为中轴，东西廊房、钟鼓二楼左右对称，正殿内舜帝塑像正襟南面，神态庄严，皋、夔、稷、契四位大臣在两旁恭敬而立。

除了舜帝陵，在山西还分布有众多舜帝祠庙，与舜帝相关的二妃庙、丹朱庙、帝尧庙、稷王庙也不少，还有大量的纪念性建筑存在，这些遗迹主要分布在运城的永济市和垣曲县。永济市的舜帝传说遗迹主要分布在舜帝村、北陶村、南陶村、山底村、雷首山和蒲州镇。舜帝村隶属于永济市北张营镇，旧时叫诸冯村，又名姚墟村，相传这里是舜的故里，主要流传的是舜帝的家庭故事。舜帝村有清康熙五十九年（1720）三月镌立的一通碑，上书"大孝有虞舜帝故里"。北陶村和南陶村是永济市张营镇的两个小村子，传说舜曾在此制陶。蒲州古城遗址位于永济市境西南黄河东岸，古称蒲坂。《帝王世纪》云："尧旧都在蒲，舜都蒲坂。”早在部落联盟时期，蒲坂一带就是华夏文明的政治、经济、文化中心了。古城始建于周时，以后屡有重建扩修，历代为州治府治，中唐为中都建制，为中国北方历史重镇，1959 年因三门峡水库建设，城内居民全部迁出，但古城轮廓几乎完整保存，城内鼓楼及南、西、北门遗构清晰可见。

垣曲县与舜相关的传说遗迹主要分布在诸冯山、历山、同善村和神后村。传说诸冯山是舜出生的地方，因此以诸冯山为中心，四周存在大量舜的传说及其遗迹。诸冯山北坡有两处遗存：一是舜出生地舜石龛，一是舜生母握登的坟冢。舜王塔位于垣曲县东北部历山镇宋家湾村允水河段中心一块大约 50 平方米的石板上。历山舜王坪是中条山的主峰部分，属翼城、垣曲、沁水三县之界，地势平坦，花草丛生，传说舜在此耕田，故称舜王坪。垣曲县的历山镇同善村，当地人们习惯称同善村为负夏古城，据说是舜居住过的地方。村北有负夏古城城门楼一座，是明代万历四年（1576）所建。北城门外侧上方石刻上书“舜帝故里”，里侧横幅额上书“永庆门”三字。古负夏曾建有舜帝庙，在日寇侵占垣曲时毁于一旦。历山镇神后村，以前叫瞽冢村。神后村有一口古井，传说此井为舜所挖，故当地人称之为舜井。村边还有舜父瞽瞍的坟墓瞽冢。另外，运城芮城、平陆、稷山，临汾洪洞，晋中平遥也存有不少舜文化遗迹。

（一）舜　陵

运城盐湖区舜帝陵

运城·盐湖区全国重点文物保护单位“舜帝陵庙”碑刻

运城 · 盐湖区舜帝陵牌坊题额“鸣条”

运城·盐湖区舜帝陵舜帝抚琴石雕

运城·盐湖区舜帝陵石牌楼近景

运城 · 盐湖区舜帝陵《谒舜帝陵庙记》碑

运城 · 盐湖区舜帝陵山门

运城·盐湖区舜帝陵月台

运城·盐湖区舜帝陵月台匾额“祖德薪传”、“永歌南风”

运城·盐湖区舜帝陵享厅匾额“陟方之所”

运城·盐湖区舜帝陵享厅《鸣条舜陵考略》碑

运城·盐湖区舜帝陵陵冢

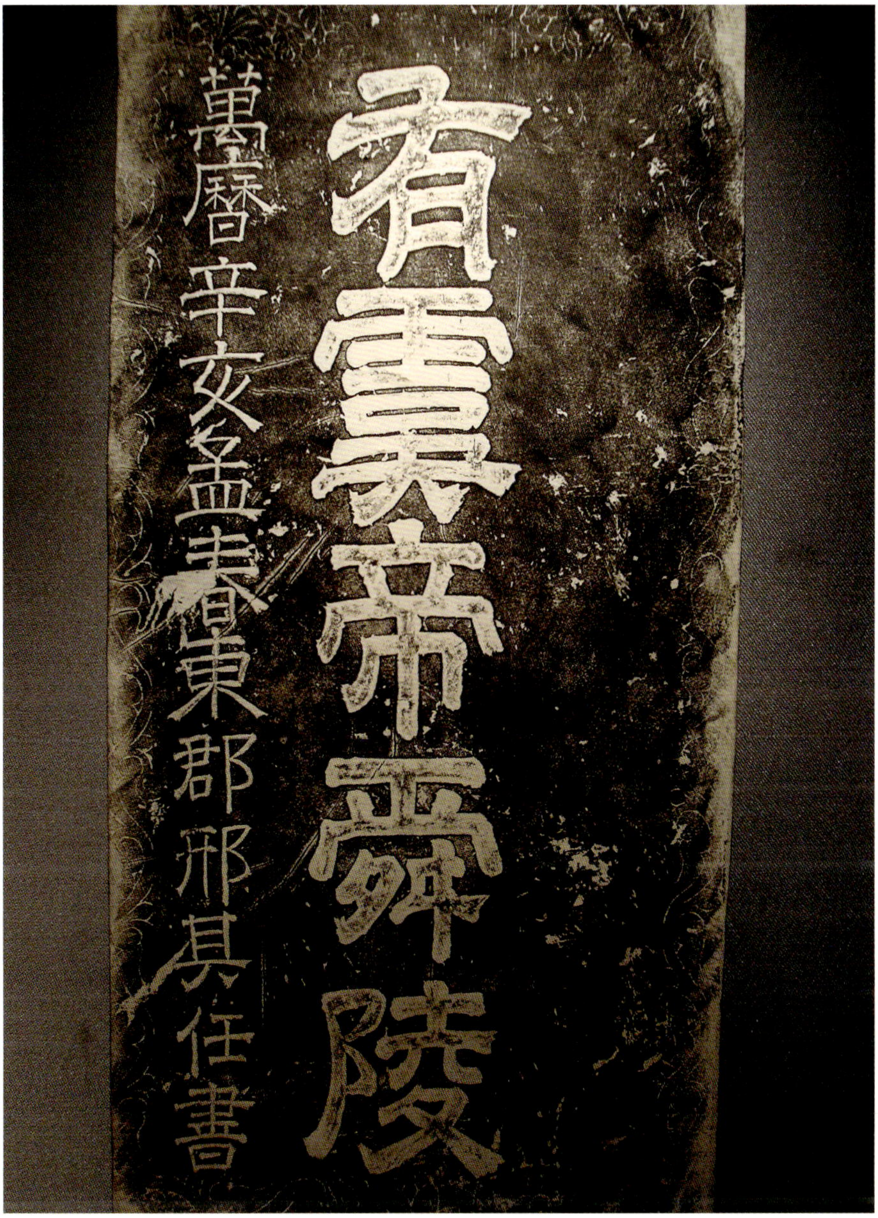

运城・盐湖区舜帝陵陵冢《有虞帝舜陵》碑

运城 · 盐湖区舜帝陵陵冢《戊子祭舜帝文》碑

运城·盐湖区舜帝陵“新石器时期文物展”展区

运城·盐湖区舜帝陵敤首祠牌坊

运城·盐湖区舜帝陵敤首祠

运城·盐湖区舜帝陵敤首祠“敤首画祖”塑像

运城盐湖区舜帝陵皇城

运城・盐湖区舜帝陵皇城城门

运城 · 盐湖区舜帝陵皇城“舜歌南风”浮雕

运城 · 盐湖区舜帝陵皇城献殿

运城·盐湖区舜帝陵皇城献殿康熙书“濬哲文明”匾额

运城·盐湖区舜帝陵虞舜棋台

运城 · 盐湖区舜帝陵皇城献殿舜帝像及康熙书“恭己南面”匾额

运城·盐湖区舜帝陵卷棚

运城 · 盐湖区舜帝陵卷棚戏台

运城 · 盐湖区舜帝陵鼓楼

运城·盐湖区舜帝陵皇城正殿

运城 · 盐湖区舜帝陵皇城养颐宫

运城·盐湖区舜帝陵皇城廊房清嘉庆二十五年《有虞舜帝陵庙重修碑记》碑

运城 · 盐湖区舜帝陵皇城廊房 1998 年《舜帝陵庙台湾同胞进香碑记》碑

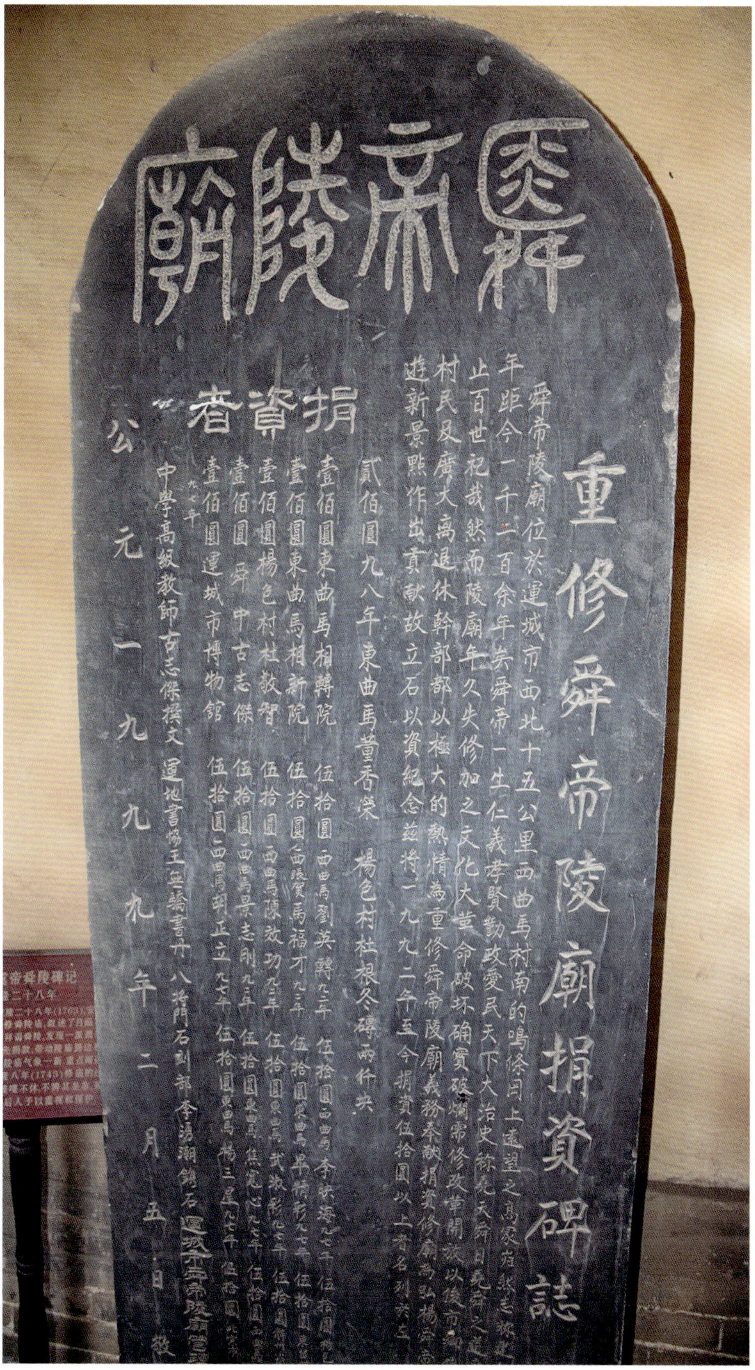

运城·盐湖区舜帝陵皇城廊房 1999 年《重修舜帝陵庙捐资碑志》碑

运城 · 盐湖区舜帝陵皇城廊房廉钟

运城盐湖区舜帝陵森林公园

运城 · 盐湖区舜帝陵森林公园彩虹门

运城 · 盐湖区舜帝陵森林公园神道旁石柱

运城·盐湖区舜帝陵森林公园博物馆外景

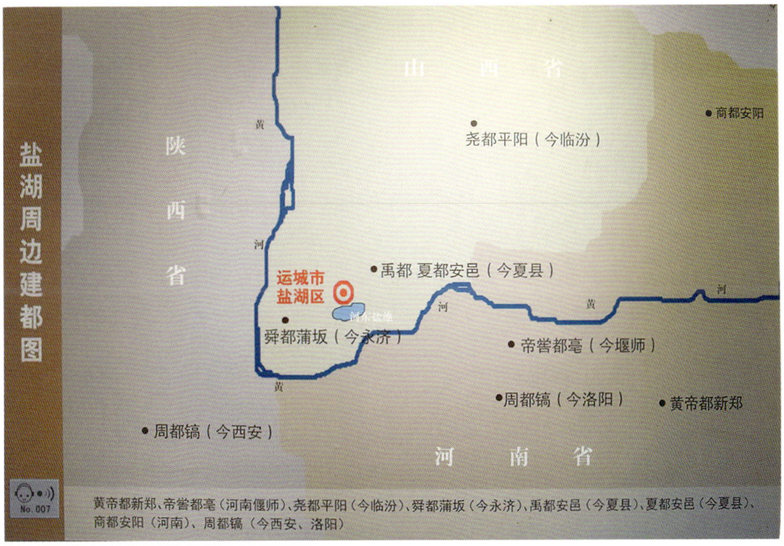

运城·盐湖区舜帝陵森林公园博物馆展出的《盐湖周边建都图》

运城盐湖区舜帝陵广场

运城 · 盐湖区舜帝陵广场“虞舜盛世图”浮雕

（二）舜帝祠庙

临汾洪洞舜庙

临汾·洪洞万安镇历山舜庙外“古历山”牌坊

临汾 · 洪洞万安镇历山舜庙外景

临汾 · 洪洞万安镇历山舜庙虞舜大殿

临汾·洪洞万安镇历山舜庙尧王殿壁画

临汾 · 洪洞万安镇历山舜庙娥皇女英殿内神像

临汾·洪洞龙马乡新庄村圣王庙重明殿

临汾 · 洪洞龙马乡新庄村圣王庙重明殿舜王（中）、马王（左）、牛王（右）像

临汾·洪洞龙马乡新庄村圣王庙重明殿壁画（1）

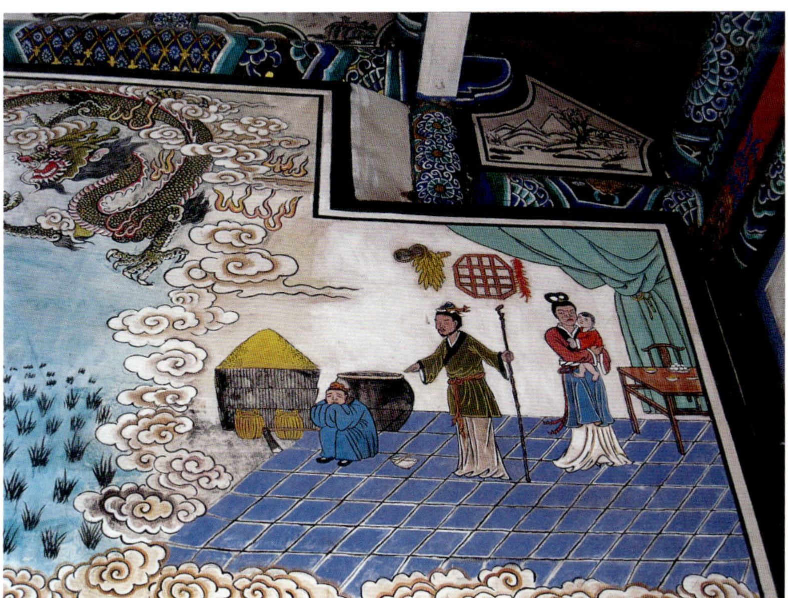

临汾·洪洞龙马乡新庄村圣王庙重明殿壁画（2）

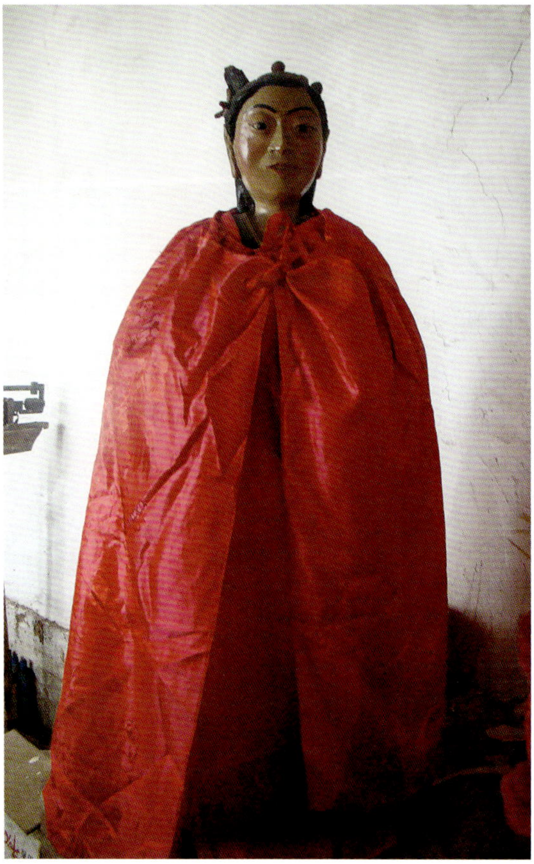

临汾·洪洞大槐树镇南王村圣王庙娥皇塑像

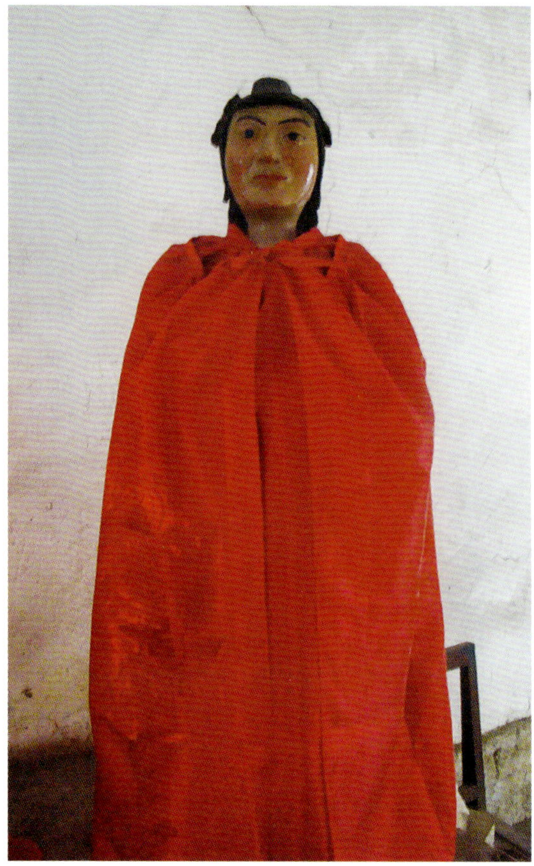

临汾·洪洞大槐树镇南王村圣王庙女英塑像

临汾·洪洞明姜镇沙窑村圣王庙内舜与二妃像

临汾·洪洞明姜镇圣王村圣王庙

临汾 · 洪洞明姜镇圣王村圣王庙内舜帝神像

运城永济舜帝村帝王殿

运城・永济舜帝村砖碑正面

运城 · 永济舜帝村砖碑碑阴

运城·永济舜帝村帝王殿

运城芮城县历山村舜王庙

运城 · 芮城县历山村古舜庙遗址台地

运城 · 芮城县历山村舜王庙舜王像

（三）其他祠庙

临汾洪洞帝尧庙、二妃庙、丹朱庙

临汾・洪洞甘亭镇羊獬村唐尧故园圣德门

临汾·洪洞甘亭镇羊獬村唐尧故园献殿旧貌

临汾·洪洞甘亭镇羊獬村唐尧故园娥英双凤殿

临汾・洪洞甘亭镇羊獬村唐尧故园娥英双凤殿内二位姑姑神像

临汾・洪洞万安镇万安村娘娘殿内二妃神像

临汾 · 洪洞万安镇万安村安乐庙舜王神像

临汾・洪洞万安镇万安村寥大洞内舜王神像

临汾・洪洞万安镇东梁村娘娘庙神像

临汾 · 洪洞万安镇韩家庄村娘娘庙二妃像

临汾 · 洪洞万安镇铁炉庄村望舜楼

临汾·洪洞万安镇上舍村法云寺内二妃神像

临汾·洪洞万安镇神西村二郎庙内二妃神像

临汾 · 洪洞大槐树镇南王村将军庙华池将军（传说中为唐尧之子）像

临汾·洪洞龙马乡赤荆村娘娘庙二妃神像

临汾·洪洞龙马乡新庄村娘娘殿二妃神像

临汾 · 洪洞辛村乡白石村娘娘庙二妃神像

临汾 · 洪洞辛村乡杜戍村娘娘庙二妃神像

晋中平遥帝尧庙

晋中 · 平遥帝尧庙正门

晋中·平遥帝尧庙正殿广运殿

晋中・平遥帝尧庙正殿广运殿帝尧像

晋中 · 平遥帝尧庙侧殿虞舜殿

晋中 · 平遥帝尧庙侧殿夏禹殿

晋中·平遥帝尧庙侧殿虞舜殿舜帝像

晋中 · 平遥帝尧庙碑刻

晋中·平遥帝尧庙 2013 年《重修帝尧庙碑记》碑

（四）纪念性建筑

运城垣曲诸冯山风景区

运城 · 垣曲诸冯山风景区主碑

运城 · 垣曲诸冯山风景区“帝舜故里”石碑

运城·垣曲诸冯山风景区舜帝石雕

运城·垣曲诸冯山风景区浮雕

运城 · 垣曲诸冯山风景区石刻

运城·垣曲诸冯山风景区舜王庙介绍碑

运城·垣曲诸冯山风景区舜王庙前“象”雕塑

运城·垣曲诸冯山风景区舜王庙

运城·垣曲诸冯山风景区舜王泉

运城·垣曲诸冯山风景区舜王庙雕塑与壁画

运城·垣曲诸冯山风景区舜王庙舜帝与二妃像

运城 · 垣曲诸冯山风景区“舜石龛”摩崖石刻

运城 · 垣曲诸冯山风景区“握登坟”石刻

运城·垣曲诸冯山风景区“舜王塔”碑刻

运城垣曲历山

运城 · 垣曲历山皇姑幔风景区正门前娥皇女英像

运城·垣曲历山皇姑幔风景区《舜古风歌》石刻

运城 · 垣曲历山舜王坪风景区正门前舜帝像

运城・垣曲历山舜王坪风景区正门牌楼

运城 · 垣曲历山舜王坪风景区“古帝躬耕处”牌楼

运城·垣曲历山舜王坪风景区“舜耕犁沟”遗迹

运城・垣曲历山舜王坪风景区奶泉遗址

运城・垣曲历山舜王坪风景区舜王庙

运城·垣曲历山舜王坪风景区舜王桥（1）

运城·垣曲历山舜王坪风景区舜王桥（2）

运城垣曲神后村舜井

运城·垣曲神后村舜井

运城·垣曲神后村舜井辘轳

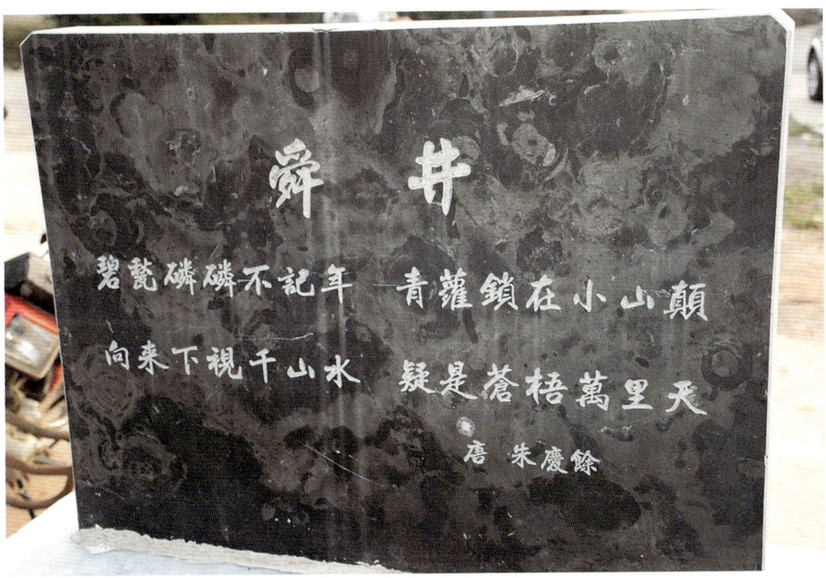

运城·垣曲神后村舜井朱庆余《舜井》诗碑刻

运城永济中条山神潭大峡谷舜帝像

运城 · 永济中条山神潭大峡谷舜帝像

运城永济朝舜广场

运城·永济朝舜广场“文明之源”牌坊

运城 · 永济朝舜广场“舜都蒲坂”篆刻铜质印章

运城·永济朝舜广场“舜歌南风”雕塑

运城盐湖区南风广场

运城 · 盐湖区南风广场“凤舞”雕塑

运城·盐湖区南风广场“凤舞”雕塑基座东面《南风歌》

运城·盐湖区南风广场“河东历史文化长廊”浮雕

（五）文物考古与历史文献

运城永济蒲州古城

运城 · 永济“蒲州古城”牌楼

运城·永济蒲州古城东门遗址

运城·永济蒲州古城北门遗址

运城 · 永济蒲州古城西门遗址

运城 · 永济蒲州古城蒲津渡遗址

运城垣曲同善村北城门

运城·垣曲同善村北城门“负夏帝墟”匾额

运城 · 垣曲同善村北城门《重修同善北城门碑记》碑刻

历史文献

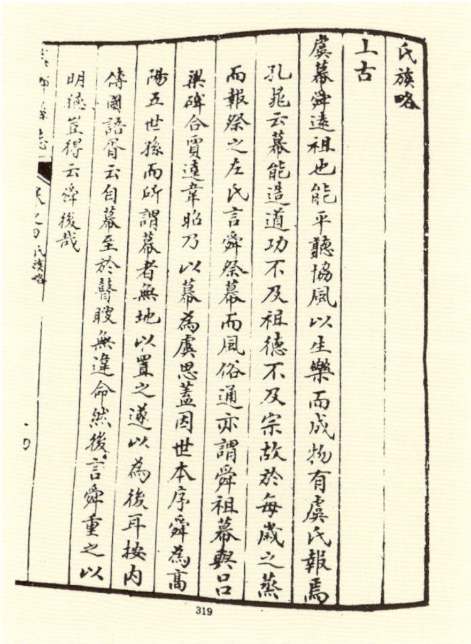
民族略

上古

虞幕舜遠祖也能平聽協風以生樂而成物有虞氏報焉孔施云幕能遵道功不及祖德不及宗故於每歲之烝而報祭之左氏言舜祭幕而風俗通亦謂舜祖幕與呂梁碑合實達韋昭乃以幕為虞思蓋因世本序舜為高陽五世孫而所謂幕者無地以置之遂以為後耳按內傳國語皆云自幕至於瞽瞍無違命然後言舜重之以明德豈得云舜後哉

民国九年石印本《虞乡县志》关于舜先祖的记载

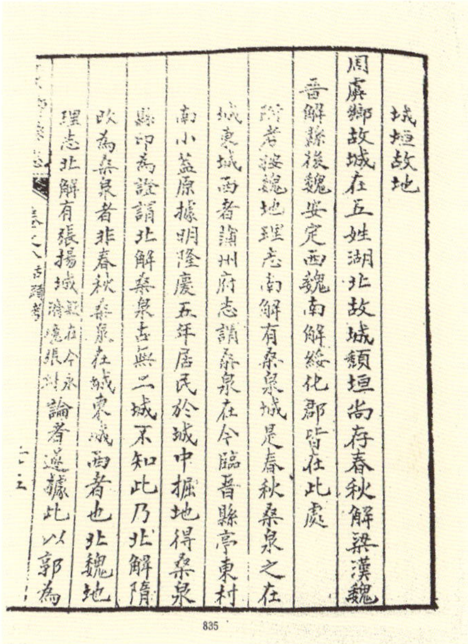
城垣故地

周虞鄉故城在五姓湖北故城頹垣尚存春秋解梁漢魏晉解縣後魏安定西魏南解綏化郡皆在此處

附考後魏地理志南解有桑泉城是春秋桑泉之在城東城西者蒲州府志謂桑泉在今臨晉縣亭東村南小邑原據明隆慶五年居民於城中掘地得桑泉縣印為證謂北解桑泉古無二城不知此乃北解隋改為桑泉者非春秋桑泉在城東城西者也北魏地理志北解有張揚城……論者遂據此以郭為

民国九年石印本《虞乡县志》关于虞乡故城的记载

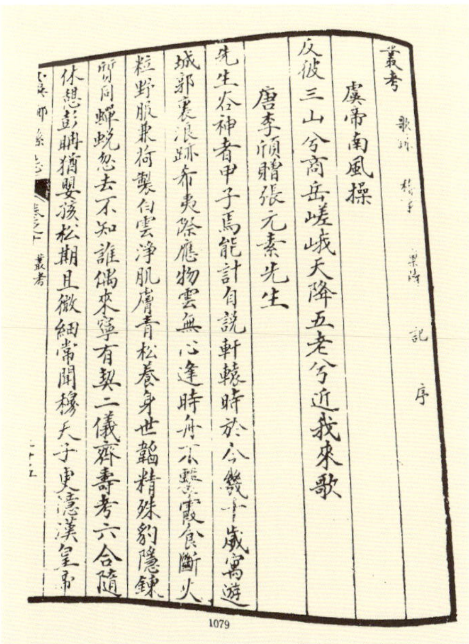
叢考

虞帝南風操

反彼三山兮商岳嵯峨天降五老兮迎我來歌

唐李頎贈張元素先生

先生谷神者甲子焉能計自說軒轅時於今幾千歲寓遊城郭裏浪跡希夷際應物雲無心逢時舟不繫霞食斷火粒野服兼荷製白雲淨肌膚青松養身世韜精殊豹隱鍊骨同蟬蛻忽去不知誰偶來寧有契二儀齊壽考六合隨休憩彭聃猶嬰孩松期且微細常聞穆天子更憶漢皇帝

民国九年石印本《虞乡县志》关于《虞帝南风操》的记载

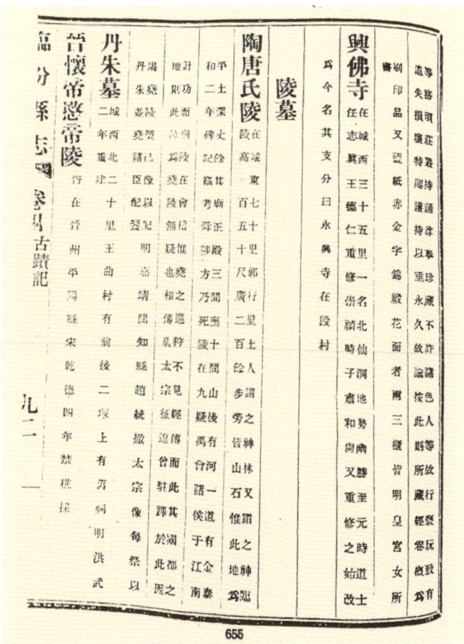
興佛寺 在城西三十五里

爲今名其支分曰永興寺在段村

陵墓

陶唐氏陵 在城東百七十里

丹朱墓 在城西北二十里王曲村有塚後二塚上有祠明洪武

晉懷帝愍帝陵 在晉州平陽縣宋乾德四年禁樵採

臨汾縣志 卷四 古蹟記

民国二十二年排印本《临汾县志》关于“陶唐氏陵”“丹朱墓”的记载

《永济县志 》中的《诸冯图》

《永济县志 》中的《历山图》

《永济县志 》中的《雷泽图》

《永济县志 》中的《沩汭图》

《永济县志 》中的《双井图》

《永济县志 》中的《河滨图》

四 河南编

舜帝大致沿黄河一带活动。黄河从河南中北部穿过，河南的舜文化遗迹主要分布在这一带的三门峡、洛阳、郑州等地，而以濮阳分布最为集中。

黄河一带的舜文化遗迹分布具有一定特点。《史记》中有“舜耕历山，渔雷泽，陶河滨，迁于负夏”的记载。这些地名几乎同时出现在山东、山西、河南三省，但却似乎各有侧重。山东关于“舜耕历山，渔雷泽，陶河滨”的遗迹较多；山西则侧重于“舜都蒲坂”和“卒于鸣条”；河南则以“迁于负夏”的遗迹较为突出。河南濮阳市瑕邱村，传说就是舜帝时“负夏”所在地。瑕邱遗址尚在，是东西相连的两座高台，上有与舜文化相关的古建筑及碑刻。

在河南，舜帝祠庙分布较广，洛阳、登封都有舜帝庙，但最为突出的是濮阳的帝舜宫。帝舜宫气势宏伟，与挥公陵一呼一应，相得益彰，成为濮阳市一个旅游亮点。濮阳除了帝舜宫外，同样也存在舜耕历山、渔雷泽等舜文化遗迹。

河南商丘传说是商均的封地，商均是舜和女英的儿子。舜帝贤明，在垂暮之年，并没有让自己的儿子义均继承帝位，而是将帝位传给了治水有功的禹。夏禹为感恩舜禅位于他，就将义均从山西蒲坂封到有虞氏部落为国君，均袭其父虞舜国号，称虞国。因当时有虞氏部落归属于商部落，故称为“商均”。商均墓位于商丘虞城县利民镇西南商墓村后。墓前原有祠宇，后废。现仅存墓冢，高约 4 米，周长 110 米。

乾隆十九年版《归德府志》中有关于舜子商均封地及虞帝庙的记载，清姚振宗撰《姚氏百世源流考》、乾隆十九年版《归德府志》、光绪二十一年版《虞城县志》等文献对舜文化在河南的分布都有较详细的记载。

（一）舜帝祠庙

濮阳市濮阳县帝舜宫

濮阳市·濮阳县帝舜宫

濮阳市·濮阳县帝舜宫德政殿舜帝像

濮阳市·濮阳县帝舜宫前“象”雕刻

濮阳市 · 濮阳县帝舜宫德政殿

濮阳市 · 濮阳县帝舜宫德政殿前丹陛浮雕

濮阳市·濮阳县帝舜宫“舜裔姓氏录”碑刻

濮阳市·濮阳县帝舜宫“舜裔祖庭”碑刻

（二）其他祠庙

商丘虞城商均祠

商丘 · 虞城县商均祠

商丘·虞城县商均祠商均塑像

（三）文物考古与历史文献

濮阳市濮阳县瑕邱古迹

濮阳市 · 濮阳县瑕邱古迹

濮阳市 · 濮阳县瑕邱古迹

濮阳市·濮阳县瑕邱古迹内“瑕邱古迹”碑亭

濮阳市 · 濮阳县瑕邱古迹入口

濮阳市 · 濮阳县瑕邱古迹内“负夏名邑”影壁

濮阳市・濮阳县瑕邱古迹舜帝庙

濮阳市・濮阳县瑕邱古迹历代碑刻

濮阳市 · 濮阳县瑕邱古迹舜帝庙壁画

濮阳市·濮阳县“帝舜故里”碑刻

濮阳市濮阳县舜耕历山处

濮阳市 · 濮阳县舜耕历山处

濮阳市濮阳县雷泽湖遗址

濮阳市·濮阳县雷泽湖遗址

历史文献

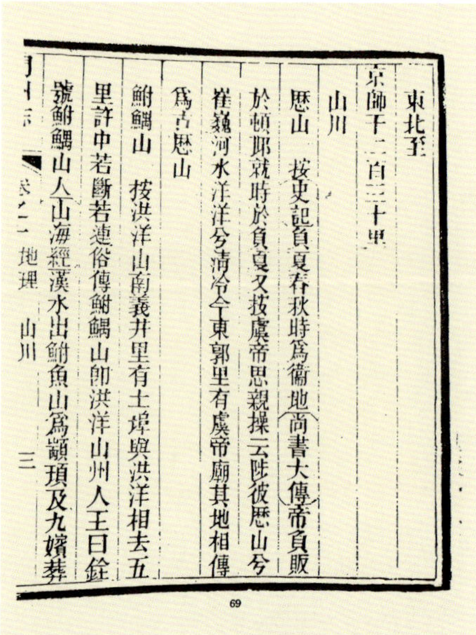
東北至
京師千二百二十里
山川
歷山 按史記負夏春秋時爲衛地尚書大傳帝負販
於頓丘就時於負夏又按虞帝思親操云陟彼歷山兮
崔嵬河水洋洋兮清泠今東郭里有虞帝廟其地相傳
爲古歷山
鮒鯛山 按洪洋山南義井里有土埠與洪洋相去五
里許中若斷若連俗傳鮒鯛山即洪洋山州人王曰銓
號鮒鯛山人山海經漢水出鮒魚山爲顓頊及九嬪葬
開州志 卷之二 地理 山川 三
69

光绪七年刊本《开州志》关于“历山”的记载

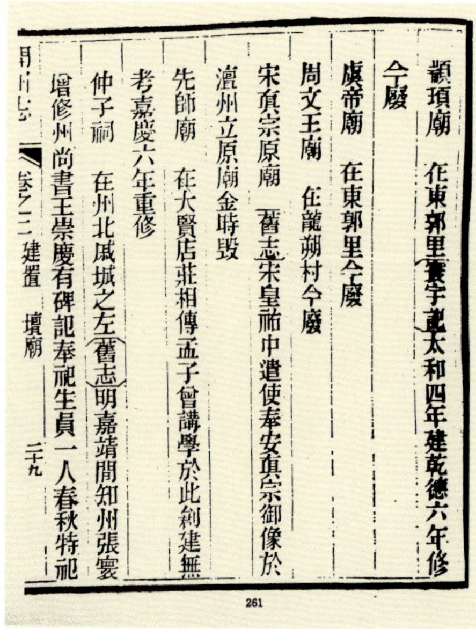
顓頊廟 在東郭里寰宇記太和四年建乾德六年修
今廢
虞帝廟 在東郭里今廢
周文王廟 在龍朔村今廢
宋真宗原廟 舊志宋皇祐中遣使奉安真宗御像於
澶州立原廟金時毁
先師廟 在大賢店莊相傳孟子曾講學於此剏建無
考嘉慶六年重修
仲子祠 在州北戚城之左舊志明嘉靖間知州張寰
增修州尚書王崇慶有碑記奉祀生員一人春秋特祀
開州志 卷之二 建置 壇廟 二十九
261

光绪七年刊本《开州志》关于“虞帝庙”的记载

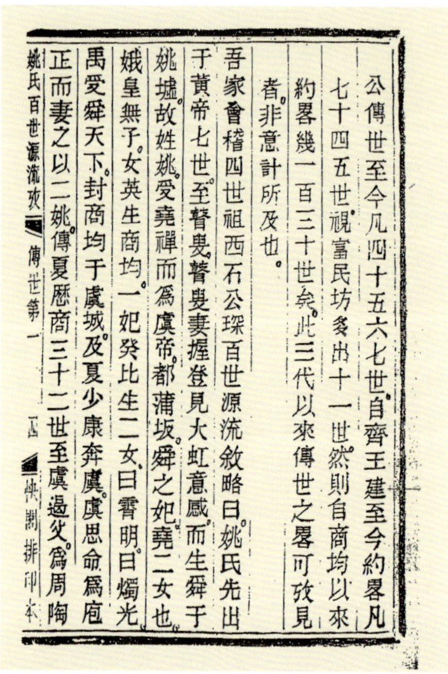
公傳世至今凡四十五六七世自齊王建至今約畧凡
七十四五世視富民坊多出十一世然則自商均以來
約畧幾一百三十世矣此三代以來傳世之畧可攷見
者非意計所及也
吾家會稽四世祖西石公琛百世源流敘略曰姚氏先出
于黃帝七世至瞽叟瞽叟妻握登見大虹意感而生舜于
姚墟故姓姚受堯禪而爲虞帝都蒲坂舜之妃堯二女也
娥皇無子女英生商均一妃癸比生二女曰霄明曰燭光
禹受舜天下封商均于虞城及夏少康奔虞虞思命爲庖
正而妻之以二姚傳夏歷商三十二世至虞遏父爲周陶
姚氏百世源流攷 傳世第一 五 映閣排印本

清姚振宗撰《姚氏百世源流考》关于虞舜的记载（1）

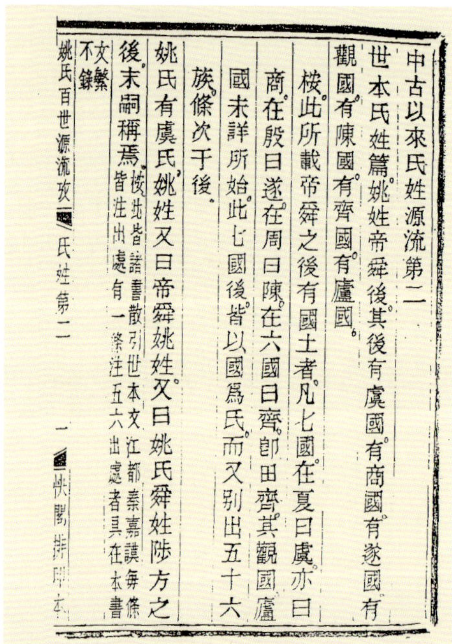
中古以來氏姓源流第二
世本氏姓篇姚姓帝舜後其後有虞國有商國有遂國有
觀國有陳國有齊國有盧國
按此所載帝舜之後有國土者凡七國在夏曰虞亦曰
商在殷曰遂在周曰陳在六國曰齊即田齊其觀國盧
國未詳所始此七國後皆以國爲氏而又別出五十六
族條次于後
姚氏有虞氏姚姓又曰帝舜姚姓又曰姚氏舜姓陟方之
後末嗣稱焉 按此皆諸書散引世本文江都秦嘉謨每條皆注出處有一條注五六出處者具在本書
文繁不錄
姚氏百世源流攷 氏姓第二 一 映閣排印本

清姚振宗撰《姚氏百世源流考》关于虞舜的记载（2）

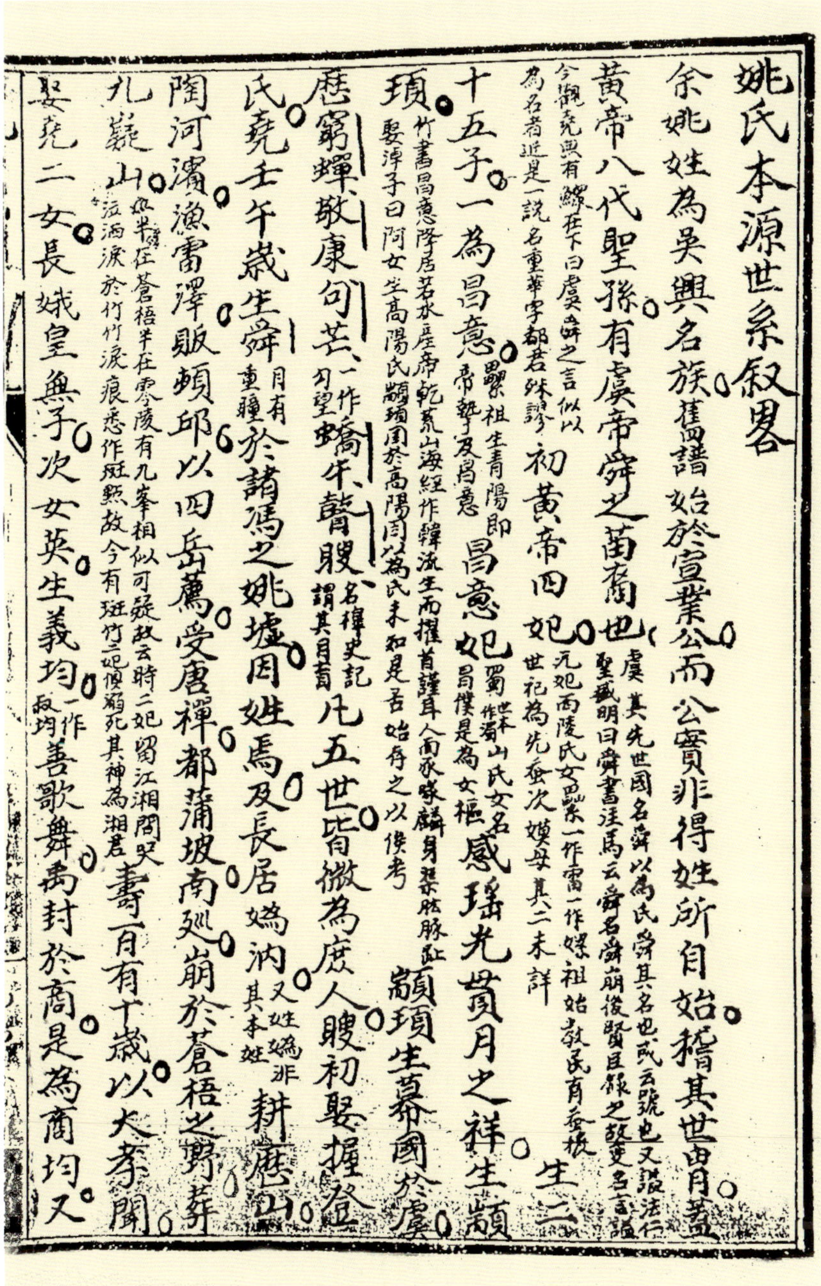

姚氏本源世系叙畧

余姚姓為吳興名族舊譜始於宣業公而公實非得姓所自始稽其世胄蓋黄帝八代聖孫有虞帝舜之苗裔也（虞其先世國名舜以為氏舜其名也或云號也又諡法仁聖盛明曰舜書注馬云舜名鄭云諡今觀堯典有鰥在下曰虞舜之言似以為名者近是一説名重華字都君殊謬）初黄帝四妃（元妃西陵氏女嫘祖一作雷一作傫祖始教民育蚕後世祀為先蚕次嫫母其二未詳）生二十五子一為昌意（娶祖生青陽即帝摯及昌意）昌意妃蜀（世本作蜀山氏女名）昌僕是為女樞感瑶光貫月之祥生顓頊（竹書昌意降居若水産帝乾荒山海經作韓流生而擢首謹耳人面豕喙麟身渠股豚趾娶淖子曰阿女生高陽氏顓頊因於高陽因以為氏未知是否始存之以俟考）顓頊生幕國於虞歷窮蟬敬康句芒（一作句望）蟜牛瞽瞍（名禪史記謂其目盲）凡五世皆微為庶人瞍初娶握登氏堯壬午歲生舜（目有重瞳）於諸馮之姚墟因姓焉及長居嬀汭（又姓嬀非其本姓）耕歷山陶河濱漁雷澤販頓邱以四岳薦受唐禪都蒲坂南巡崩於蒼梧之野葬九嶷山（山在半在蒼梧半在零陵有九峯相似可疑故云時二妃留江湘間哭泣洒淚於竹竹淚痕悉作斑點故今有斑竹二妃俱溺死其神為湘君）壽一百有十歲以大孝聞娶堯二女長娥皇無子次女英生義均（一作叔均）善歌舞禹封於商是為商均又

陕渑《姚氏宗谱》关于姚氏本源的记载

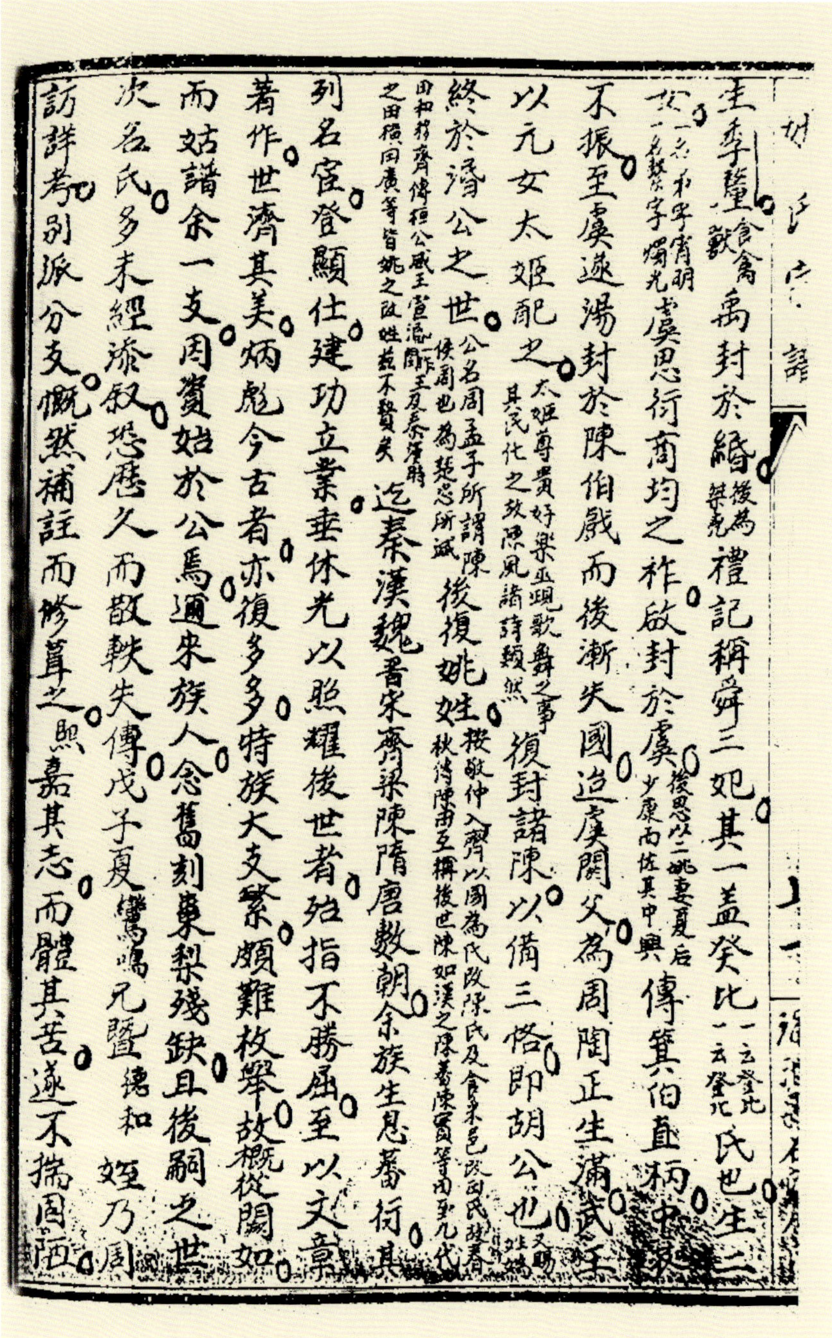

生季釐（食禽獸），禹封於緡（後為桀亢）。禮記稱舜三妃，其一益癸比（一云癸比，一云登北）氏也，生二女（一名宵明，一名燭光）。虞思衍商均之祚，啟封於虞（後思以二姚妻夏后少康而佐其中興）。傳箕伯直柄中衰，不振。至虞遂，湯封於陳。伯戲而後，漸失國。迨虞閼父為周陶正，生滿，武王以元女太姬配之（太姬尊貴，好樂巫覡歌舞之事，其民化之，故陳風諸詩類然），復封諸陳，以備三恪，即胡公也（又賜姓媯）。終於齊公之世（公名周，孟子所謂陳侯周也，為楚忠所滅），後復姚姓（按敬仲入齊，以國為氏，改陳氏，及食采邑，改田氏，故春秋傳陳而至稱後世陳，如漢之陳蕃、陳寔等，以至九代田和移齊，傳桓公、威王、宣湣（一作閔）王及秦漢時之田横、田廣等，皆姚之改姓，茲不贅矣）。迄秦漢魏晉宋齊梁陳隋唐數朝，余族生息蕃衍，其列名宦、登顯仕、建功立業、垂休光以照耀後世者，殆指不勝屈。至以文章著作世濟其美，炳彪今古者，亦復多多。特族大支繁，頗難枚舉，故概從闕如。而姑譜余一支，因資始於公焉。邇來族人念舊刻棗梨殘缺，且後嗣之世次名氏多未經詮敘，恐歷久而散軼失傳。戊子夏，鸞鳴、允暨、德和、姪乃周訪詳考，別派分支，概然補註而修葺之。熙嘉其志，而體其苦，遂不揣固陋

陕渑《姚氏宗谱》关于姚氏本源的记载

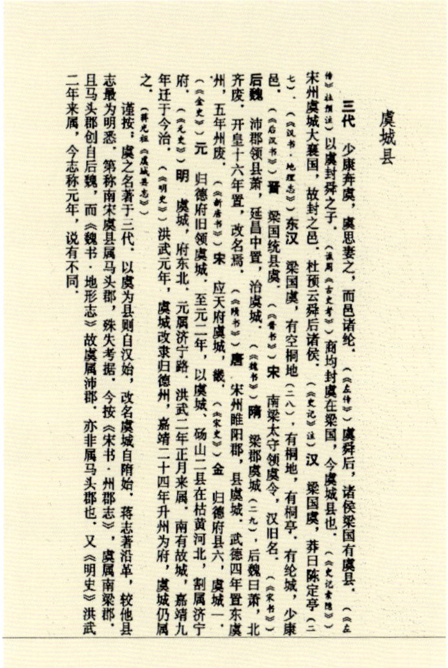

虞城县

三代　少康奔虞，虞思妻之，而邑诸纶。（《左传》）虞舜后，诸侯梁国有虞县。（《左传》杜预注）以虞封舜之子。（谯周《古史考》）商均封虞在梁国，今虞城县也。（《史记索隐》）宋州虞城大襄国，故封之邑。杜预云舜后诸侯。（《史记》注）汉　梁国虞，莽曰陈定亭（二七）。（《汉书·地理志》）东汉　梁国虞，有空桐地（二八），有桐地，有桐亭，有纶城，少康邑。（《后汉书》）晋　梁国统县虞。（《晋书》）宋　南梁太守领虞令，汉旧名。（《宋书》）后魏　沛郡领县萧，延昌中置，治虞城。（《魏书》）隋　梁郡虞城（二九），后魏曰萧，北齐废，开皇十六年置，改名焉。（《隋书》）唐　宋州睢阳郡，县虞城。武德四年置东虞州，五年州废。（《新唐书》）宋　应天府虞城，畿。（《宋史》）金　归德府县六，虞城一。（《金史》）元　归德府旧领虞城，至元二年，以虞城、砀山二县在枯黄河北，割属济宁府。（《元史》）明　虞城，府东北，元属济宁路，洪武二年正月来属。南有故城，嘉靖九年迁于今治。（《明史》）洪武元年，虞城改隶归德州，嘉靖二十四年升州为府，虞城仍属之。（穆光祖《虞城县志》）

谨按：虞之名著于三代，以虞为县则自汉始，改名虞城自隋始，蒋志著沿革，较他县志最为明悉，第称南宋虞县属马头郡，殊失考据。今按《宋书·州郡志》，虞属南梁郡，且马头郡创自后魏，而《魏书·地形志》故虞属沛郡，亦非属马头郡也。又《明史》洪武二年来属，今志称元年，说有不同。

乾隆十九年版《归德府志》关于舜子商均封虞之历史沿革的记载

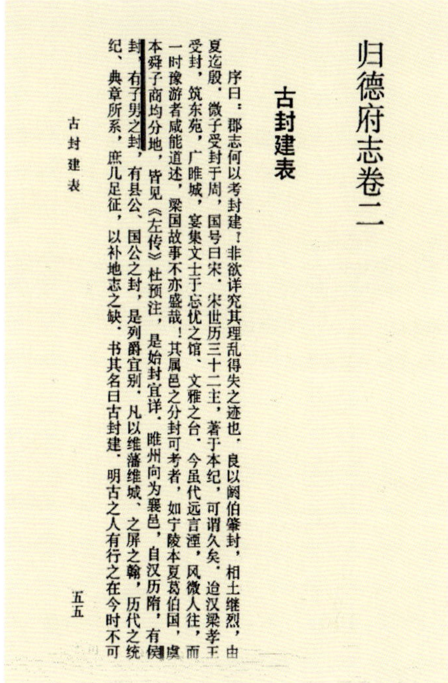

归德府志卷二

古封建表

序曰：郡志何以考封建？非欲详究其理乱得失之迹也，良以阏伯肇封，相土继烈，由夏迄殷，微子受封于周，国号曰宋，宋世历三十二主，著于本纪，可谓久矣。迨汉梁孝王受封，筑东苑，广睢城，宴集文士于忘忧之馆、文雅之台，今虽代远言湮，风微人往，而一时豫游者咸能道述，梁国故事不亦盛哉！其属邑之分封可考者，如宁陵本夏葛伯国，虞本舜子商均分地，皆见《左传》杜预注，是始封宜详。睢州向为襄邑，自汉历隋，有侯封，有子男之封，有县公、国公之封，是列爵宜别。凡以维藩维城、之屏之翰，历代之统纪、典章所系，庶几足征，以补地志之缺。书其名曰古封建，明古之人有行之在今时不可

古封建表　五五

乾隆十九年版《归德府志》关于舜子商均分地的记载

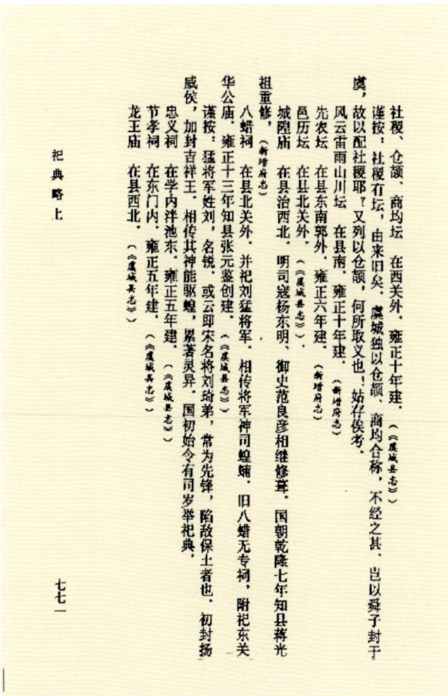

社稷、仓颉、商均坛　在西关外，雍正十年建。（《虞城县志》）

谨按：社稷有坛，由来旧矣。虞城独以仓颉、商均合称，不经之甚。岂以舜子封于虞，故以配社稷耶？又列以仓颉，何所取义也！姑存俟考。

风云雷雨山川坛　在县南，雍正十年建。（新增府志）

先农坛　在县东南郭外，雍正六年建。（新增府志）

邑厉坛　在县北关外。（《虞城县志》）。

城隍庙　在县治西北，明司寇杨东明、御史范良彦相继修葺。国朝乾隆七年知县蒋光祖重修。（新增府志）

八蜡祠　在县北关外，并祀刘猛将军。相传将军神司蝗蝻，旧八蜡无专祠，附祀东关华公庙，雍正十三年知县张元鉴创建。（《虞城县志》）

谨按：猛将军姓刘，名锐，或云即宋名将刘锜弟，常为先锋，陷敌保土者也。初封扬威侯，加封吉祥王，相传其神能驱蝗，累著灵异。国初始令有司岁举祀典。

忠义祠　在学内泮池东，雍正五年建。（《虞城县志》）

节孝祠　在东门内，雍正五年建。（《虞城县志》）

龙王庙　在县西北。（《虞城县志》）

祀典略上　七七一

乾隆十九年版《归德府志》关于雍正十年虞城县设商均坛的记载

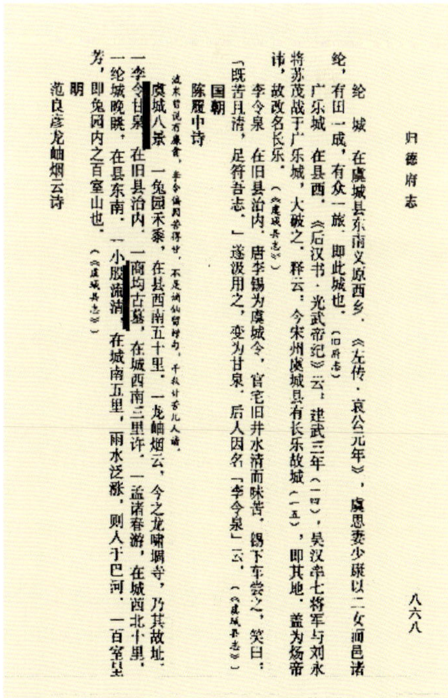

归德府志　八六八

纶城　在虞城县东南义原西乡。《左传·哀公元年》，虞思妻少康以二女而邑诸纶，有田一成，有众一旅，即此城也。（旧府志）

广乐城　在县西。《后汉书·光武帝纪》云：建武三年（一四），吴汉率七将军与刘永将苏茂战于广乐城，大破之。释云：今宋州虞城县有长乐故城（一五），即其地。盖为炀帝讳，故改名长乐。（《虞城县志》）

李令泉　在旧县治内。唐李锡为虞城令，官宅旧井水清而味苦，锡下车尝之，笑曰：「既苦且清，足符吾志。」遂汲用之，变为甘泉。后人因名「李令泉」云。（《虞城县志》）

国朝

陈履中诗

虞城八景　一兔园禾黍，在县西南五十里。一龙岫烟云，今之龙啸堌寺，乃其故址。一李令甘泉，在旧县治内。一商均古墓，在城西南三里许。一孟诸春游，在城西北十里。一纶城晚眺，在县东南。一小股流清，在城南五里，雨水泛涨，则入于巴河。一百室呈芳，即兔园内之百室山也。（《虞城县志》）

明

范良彦龙岫烟云诗

乾隆十九年版《归德府志》关于商均古墓为虞城八景之一的记载

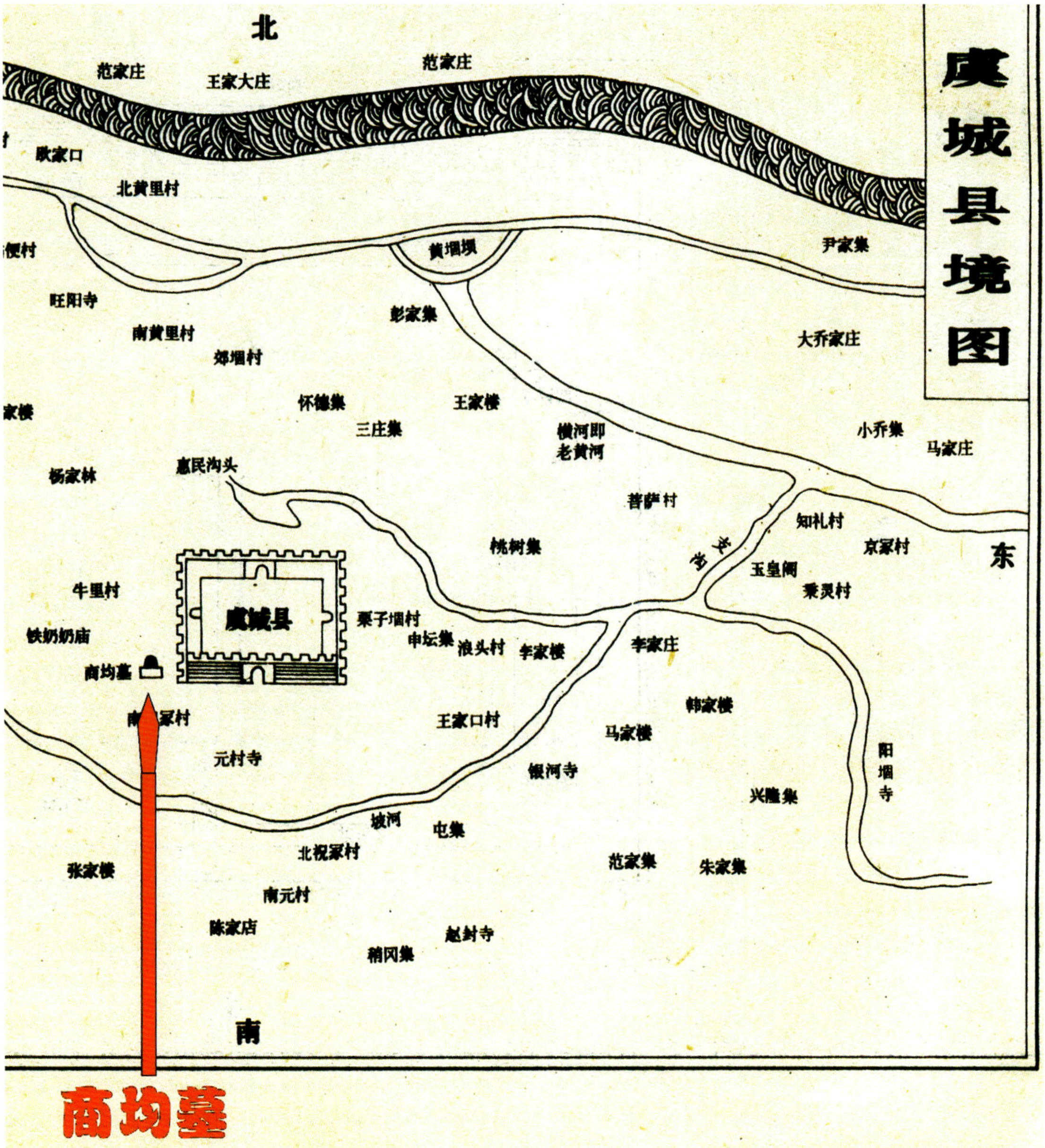

乾隆十九年版《归德府志》关于商均古墓在虞城故城的记载

五 浙江编

舜帝主要活动于黄河一带，但浙江地区舜文化遗迹分布点也较为密集。主要集中在绍兴、嵊州、宁波，其中分布最多的是绍兴。《史记·夏本纪》:“自虞、夏时，贡赋备矣。或言禹会诸侯江南，计功而崩，因葬焉，命曰会稽。会稽者，会计也。”禹晚年活动于浙江地区，并卒于此地。又《风土记》载:“舜后支庶所封之地，舜姓姚，故云余姚。”据郭沫若考证，殷商甲骨文中已有“上虞”地名。故浙江地区舜文化流播较广，可能与对禹的推崇相关，也可能与舜的后裔迁于该地有关。

浙江地区舜庙较多，比如上虞中华孝德园大舜庙、越城区王坛镇舜王庙、王坛镇胡墩村大舜庙、嵊州谷来镇吴山舜王庙、嵊州谷来镇水涧湾舜王庙等等。其中上虞中华孝德园最具代表性。中华孝德园坐落于上虞城区西南凤凰山麓，面积37.5公顷。景区以“孝文化”为主题，以“孝感动天”的远古圣君虞舜为依托，通过对虞舜文化、孝德文化的挖掘，集中展现上虞悠久的人文历史，传承和弘扬千百年来激励着中华民族不断前进的孝德精神。景区主要包括大舜庙、虞舜宗祠、中国孝德馆等建筑群及“象耕鸟耘”群雕，完整体现虞舜的孝德品质，是历史文化游览胜地。浙江地区民风淳朴、道德醇厚、重视孝道，与民众对舜帝的崇拜和敬仰有莫大关系。

浙江地区与舜帝相关的庙宇及纪念性建筑较多，最具代表性的是绍兴大禹陵。大禹陵位于浙江绍兴城东南稽山门外会稽山麓，由禹陵、禹祠、禹庙三部分组成。另外还有上虞栎林庙、龙山西麓舜井、舜帝岭、信义广场，余姚顺江楼舜江桥、虞舜纪念馆等。

明万历年间刊本《新修余姚县志》中有关于“舜桥”的记载，清康熙十年刊本《上虞县志》有关于“舜耕历山”及“舜庙”、“舜井”的记载，说明了浙江地区对舜帝的祭祀及崇拜有悠久的历史。

（一）舜帝祠庙

绍兴上虞中华孝德园大舜庙

绍兴·上虞中华孝德园正门

绍兴・上虞中华孝德园重华亭

绍兴·上虞中华孝德园大舜庙外景

绍兴 · 上虞中华孝德园大舜庙《上虞大舜庙赋》石刻

绍兴·上虞中华孝德园大舜庙正殿

绍兴·上虞中华孝德园大舜庙正殿大门

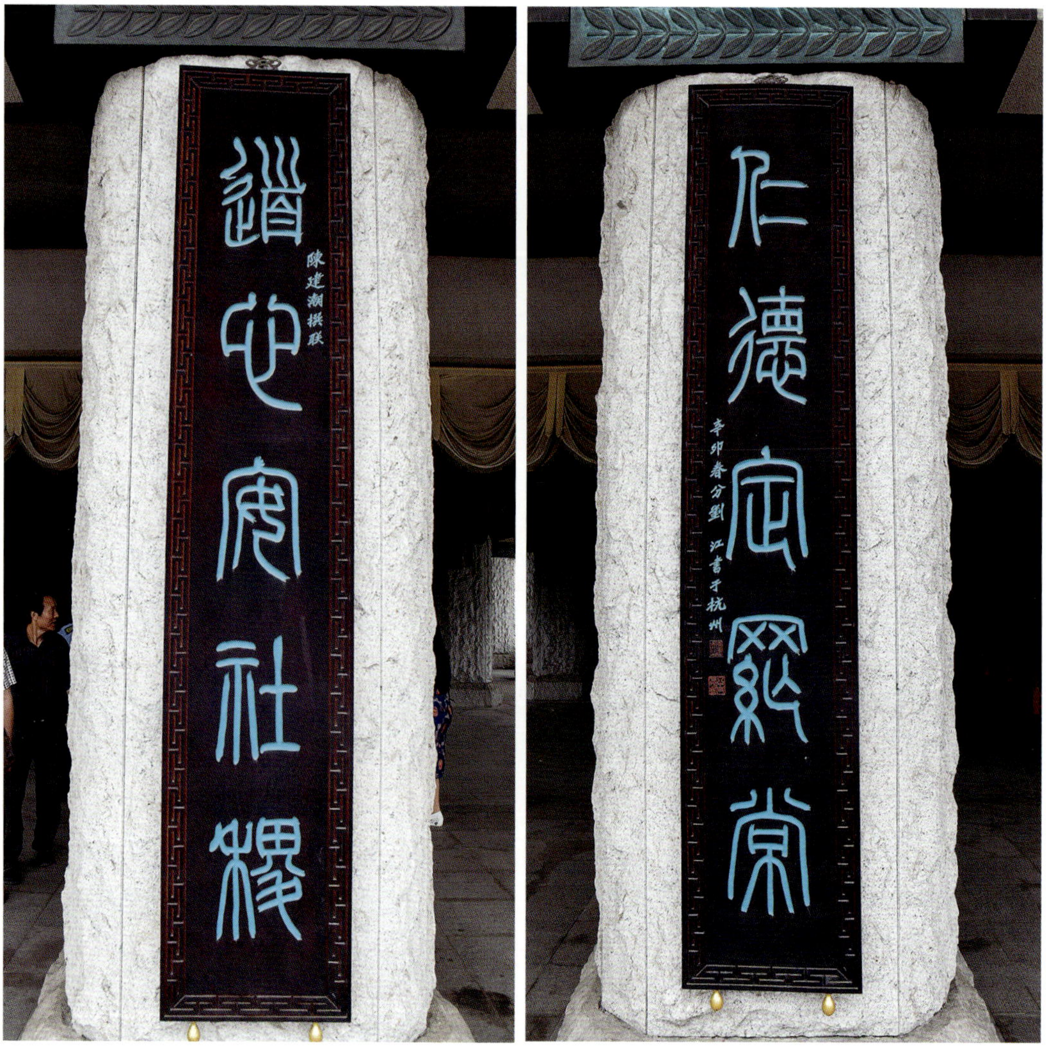

绍兴·上虞中华孝德园大舜庙楹联

绍兴・上虞中华孝德园大舜庙大舜像

绍兴・上虞中华孝德园大舜庙后殿舜帝神像

绍兴·上虞中华孝德园大舜庙后殿大舜、娥皇神像

绍兴·上虞中华孝德园大舜庙后殿大舜、女英神像

绍兴·上虞中华孝德园虞舜宗祠照壁

绍兴·上虞中华孝德园虞舜宗祠蜡像

绍兴越城王坛镇舜王庙

绍兴·越城王坛镇舜王庙外景

绍兴·越城王坛镇舜王庙《大舜庙记》碑

绍兴·越城王坛镇舜王庙大门

绍兴・越城王坛镇舜王庙正殿外景

绍兴・越城王坛镇舜王庙匾额

绍兴·越城王坛镇舜王庙正殿

绍兴 · 越城王坛镇舜王庙《大舜庙整修捐资碑记》碑刻

绍兴越城王坛镇胡墩村大舜庙

绍兴·越城王坛镇胡墩村大舜庙庙门近景

绍兴 · 越城王坛镇胡墩村大舜庙祭祀钟

嵊州谷来镇水涧湾舜王庙

嵊州·谷来镇水涧湾舜王庙正殿舜王及二妃塑像

嵊州谷来镇吴山舜王庙

嵊州 · 谷来镇吴山舜王庙《重修吴山庙碑记》碑刻

六 两广编

《史记·五帝本纪》载:“(舜)践帝位三十九年,南巡狩,崩于苍梧之野,葬于江南九疑,是为零陵。”“苍梧之野”的具体位置已难考证,但大体而言,湖南南部、广东及广西北部的南岭一带都应属于这一区域。今广西梧州市可能就与苍梧之野相关。故舜文化遗迹除在湖南永州有较集中分布外,两广地区也有一定分布。

广东韶关有韶音台,上建韶音亭,传说舜帝南巡时曾在此地演奏韶乐。在曲江,还有舜祠。《太平寰宇记》:“(皇)潭侧有舜祠,昔为舜游之处。”又韶关曲江还有虞帝庙,建于韶石之上。

广西舜文化遗迹主要分布在桂林和梧州两市。桂林虞山公园位于桂林市城北,公园内建有虞帝庙。秦人因虞帝南巡曾到虞山,故在此立庙纪念。公园内有“南薰亭”“韶音洞”“皇泽湾”“接驾桥”“虞山石刻”等景点,展现出丰厚的人文历史底蕴。在桂林灵川县东南尧山西面,也建有舜祠。

在梧州市白云山风景区,也有舜文化遗迹分布。山腰建有“光华亭”和“神鹿台”纪念舜帝。白云山金鸡岩据说也是舜帝归葬之地。唐大历四年建舜帝庙于此,今庙已不存。

清同治十三年刊本《韶州府志》有关于“舜祠”“皇潭”“虞泉”的记载,《桂林风土记》也有关于桂林“舜祠”的记载。在广西梧州市博物馆内,也存留有关于舜帝的种种传说。

（一）舜帝祠庙

广西桂林虞帝庙

桂林 · 虞山公园正门

桂林·虞山公园虞帝庙全景

桂林 · 虞山公园虞帝庙正殿

桂林 · 虞山公园虞帝庙正殿虞帝像

桂林·虞山公园虞帝庙娥皇殿

桂林·虞山公园虞帝庙女英殿

桂林 · 虞山公园虞帝庙女英殿内陈设的乐器

桂林 · 虞山公园南薰亭

桂林 · 虞山公园闻韶楼

桂林 · 虞山公园仰尧亭

桂林·虞山公园虞山石刻

桂林 · 虞山公园《舜庙碑》石刻

桂林 · 虞山公园韶音洞石刻（1）

桂林 · 虞山公园韶音洞石刻（2）

桂林 · 桂海碑林博物馆《重修虞帝庙记》碑

（二）纪念性建筑

广东韶关韶音台

韶关 · 韶音台

韶关 · 韶音亭

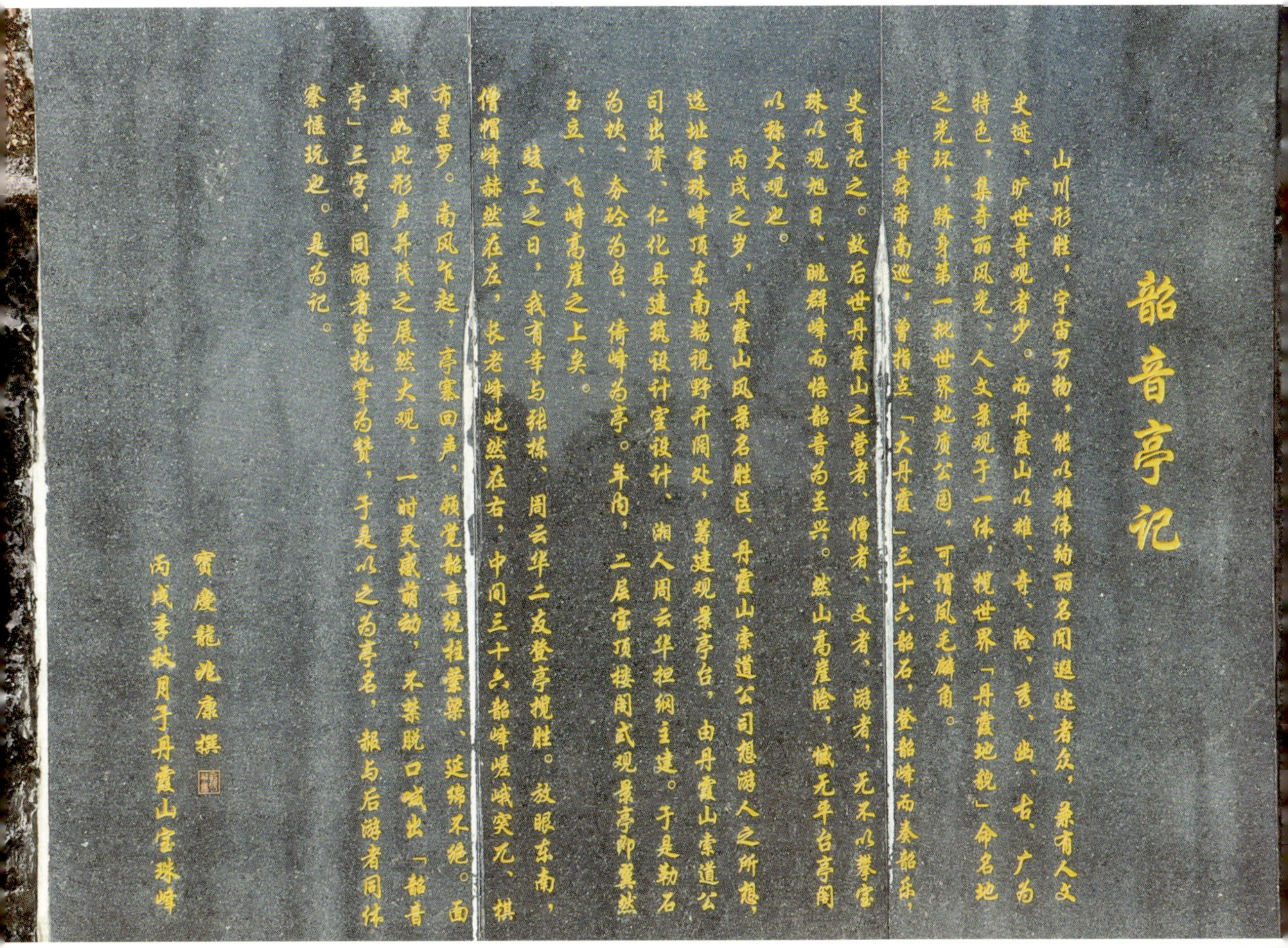
韶音亭记
山川形胜，宇宙万物，能以雄伟绚丽名闻遐迩者众，兼有人文史迹、旷世奇观者少。而丹霞山以雄、奇、险、秀、幽、古、广为特色，集奇丽风光、人文景观于一体，揽世界「丹霞地貌」命名地之光环，跻身第一批世界地质公园，可谓凤毛麟角。
昔舜帝南巡，曾指点「大丹霞」三十六韶石，登韶峰而奏韶乐，史有记之。故后世丹霞山之营者、僧者、文者、游者，无不以攀宝珠以观旭日、眺群峰而悟韶音为至兴。然山高崖险，憾无平台亭阁以称大观也。
丙戌之岁，丹霞山风景名胜区、丹霞山索道公司想游人之所想，选址宝珠峰顶东南端视野开阔处，筹建观景亭台，由丹霞山索道公司出资，仁化县建筑设计室设计，湘人周云华担纲主建。于是勒石为柱，夯砼为台，倚峰为亭。年内，二层宝顶楼阁式观景亭即翼然玉立，飞峙高崖之上矣。
竣工之日，我有幸与张栋、周云华二友登亭揽胜。放眼东南，僧帽峰赫然在左，长老峰屹然在右，中间三十六韶峰嵯峨突兀，棋布星罗。南风乍起，亭寮回声，顿觉韶音绕柱萦梁、延绵不绝。面对如此形声并茂之展然大观，一时灵感萌动，不禁脱口喊出「韶音亭」三字，同游者皆抚掌为赞，于是以之为亭名。报与后游者同体察惬玩也。是为记。
寶慶龍兆康撰
丙戌季秋月于丹霞山宝珠峰

韶关·《韶音亭记》碑

广西梧州白云山光华亭、神鹿台

梧州 · 白云山光华亭

梧州·白云山光华亭《舜帝南巡纪功碑》碑刻

梧州 · 白云山光华亭内舜帝像碑刻

梧州·白云山神鹿台《神鹿台记》碑刻

广西梧州市博物馆

梧州 · 梧州市博物馆《舜帝南巡》壁画

梧州・梧州市博物馆《舜帝与梧州》图

（三）历史文献

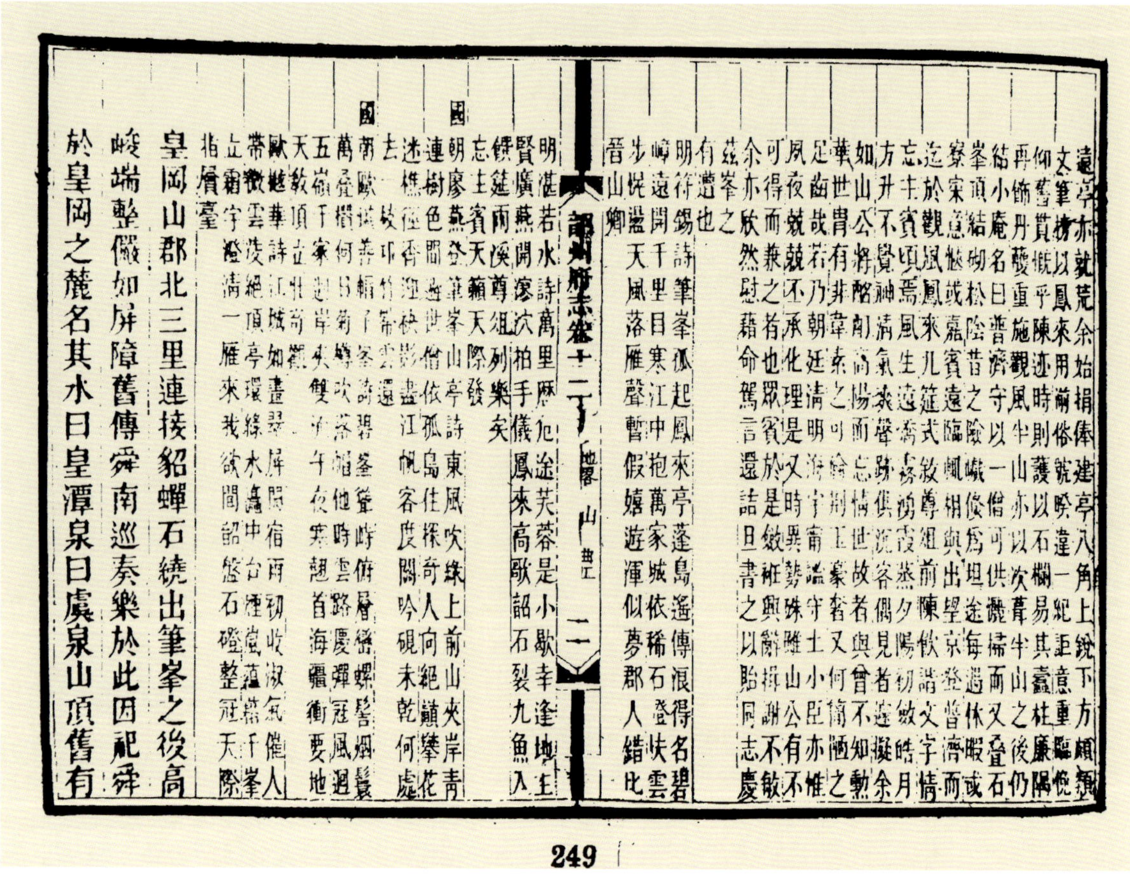

皇岡山郡北三里連接貂蟬石繞出筆峯之後高峻端整儼如屏障舊傳舜南巡奏樂於此因祀舜於皇岡之麓名其水曰皇潭泉曰虞泉山頂舊有

清同治十三年刊本《韶州府志》关于“皇潭”“虞泉”的记载

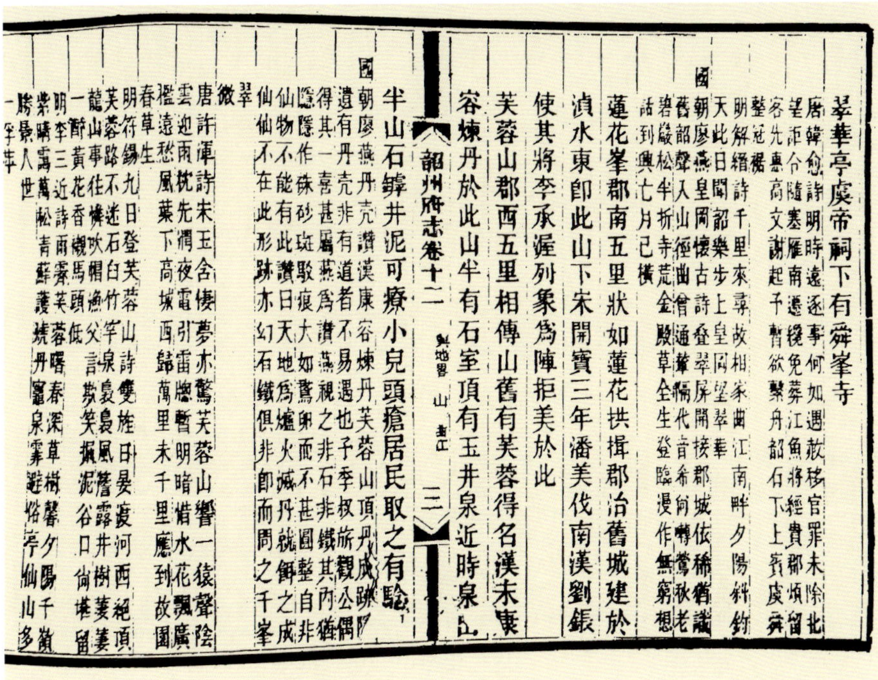

清同治十三年刊本《韶州府志》关于“虞帝祠”的记载

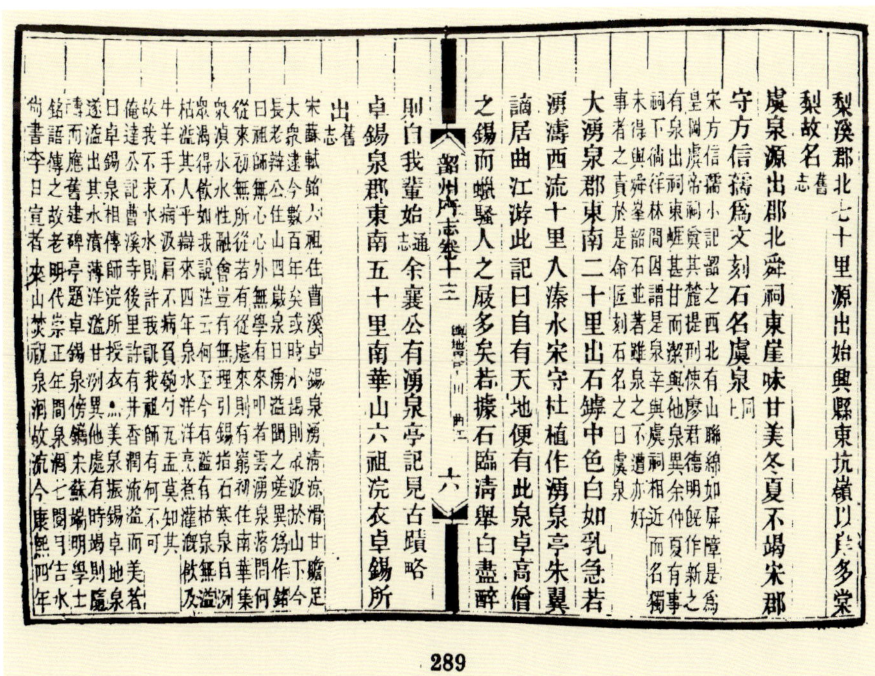

清同治十三年刊本《韶州府志》关于“虞泉”“舜祠”的记载

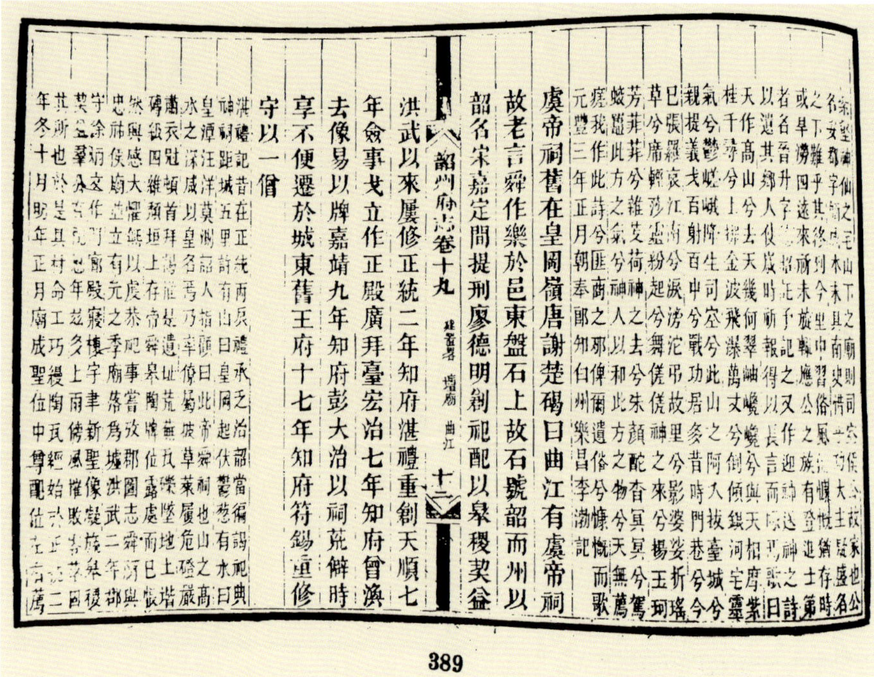
虞帝祠舊在皇岡嶺唐謝楚碣曰曲江有虞帝祠故老言舜作樂於邑東盤石上故石號韶而州以韶名宋嘉定間提刑廖德明創祠配以皋夔契益洪武以來屢修正統二年知府湛禮重創天順七年僉事戈立作正殿廣拜臺宏治七年知府曾漁去像易以牌嘉靖九年知府彭大治以祠荒僻時享不便遷於城東舊王府十七年知府符錫重修守以一僧

韶州府志卷十九

389

清同治十三年刊本《韶州府志》关于“虞帝祠”的记载

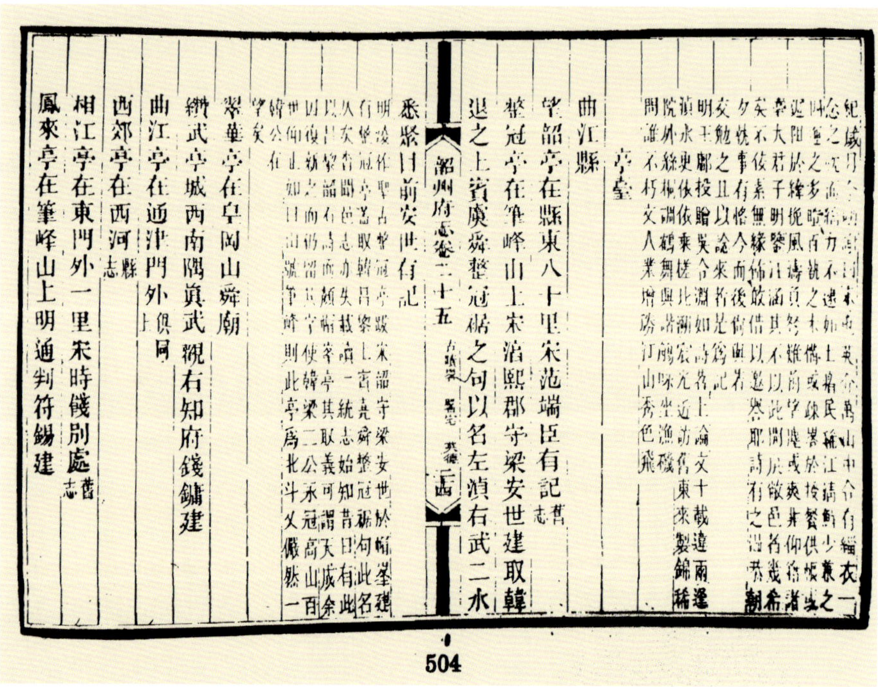
曲江縣

亭臺

望韶亭在縣東八十里宋范端臣有記舊志

整冠亭在筆峰山上宋淳熙郡守梁安世建取韓退之上賓虞舜整冠裾之句以名左湞右武二水淼然目前安世有記

翠華亭在皇岡山舜廟

縉武亭城西南隅眞武觀右知府錢鏞建

曲江亭在通津門外俱同

西郊亭在西河縣志

相江亭在東門外一里宋時餞別處舊志

鳳來亭在筆峰山上明通判符錫建

韶州府志卷二十五

504

清同治十三年刊本《韶州府志》关于“望韶亭”的记载

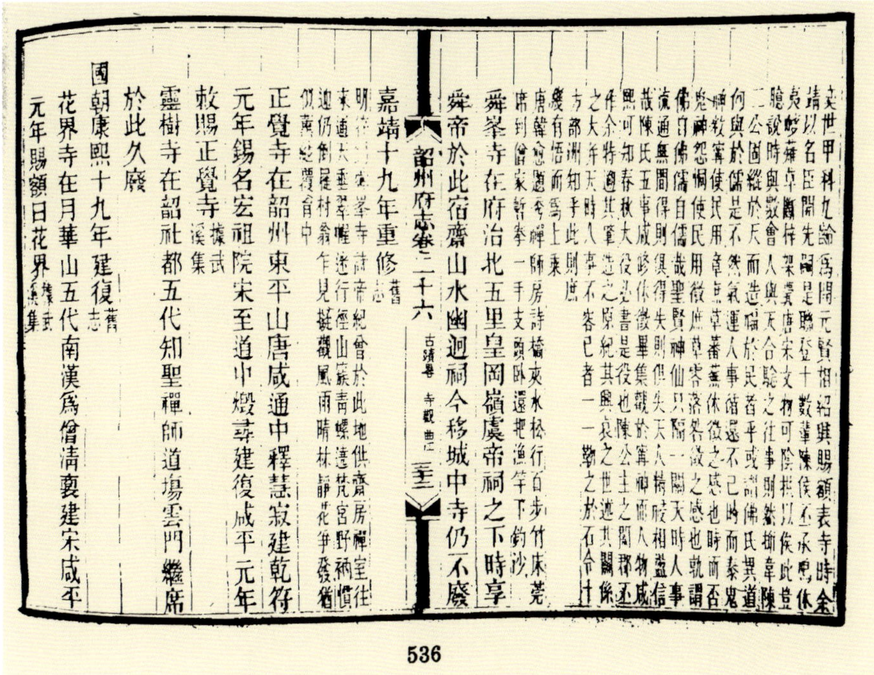

舜帝於此宿齋山水幽迥祠今移城中寺仍不廢

舜峯寺在府治北五里皇岡嶺虞帝祠之下時亨

嘉靖十九年重修舊志

正覺寺在韶州東平山唐咸通中釋慧寂建乾符元年錫名宏祖院宋至道中燬尋建復咸平元年敕賜正覺寺據武溪集

靈樹寺在韶社都五代知聖禪師道場雲門繼席於此久廢

國朝康熙十九年建復舊志

花界寺在月華山五代南漢爲僧清裹建宋咸平元年賜額曰花界據武溪集

韶州府志卷二十六 古蹟畧 寺觀 曲江 三三

536

清同治十三年刊本《韶州府志》关于“舜峰寺”的记载

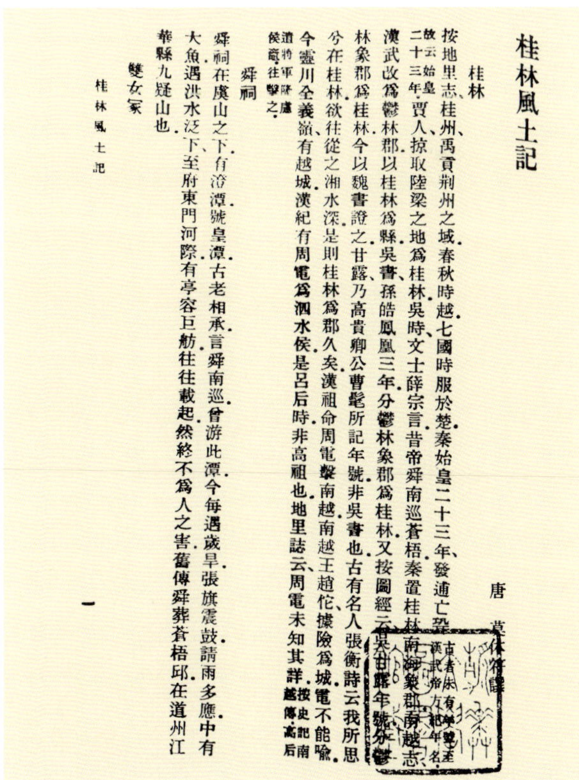

桂林風土記

唐 莫休符撰

桂林

按地里志、桂州、禹貢荊州之域．春秋時越．七國時服於楚．秦始皇二十三年、發逋亡叕故云始皇二十三年．賈人掠取陸梁之地爲桂林．吳時、文士薛宗言．昔帝舜南巡蒼梧．秦置桂林南海象郡．南越志．漢武改爲鬱林郡．以桂林爲縣．吳書、孫皓鳳凰三年．分鬱林象郡爲桂林．又按圖經云、吳甘露年號分鬱林象郡爲桂林．今以魏書證之．甘露、乃高貴鄉公曹髦所記年號．非吳書也．古有名人張衡詩云我所思兮在桂林．欲往從之湘水深．是則桂林爲郡久矣．漢祖命周竈擊南越．南越王趙佗、據險爲城．竈不能踰．今靈川全義嶺、有越城．漢紀有周竈爲泗水侯．是呂后時．非高祖也．地里誌云、周竈未知其詳．按史記南越傳．高后遣將軍隆慮侯竈往擊之．

舜祠

舜祠在虞山之下．有澄潭．號皇潭．古老相承．言舜南巡．曾游此潭．今每遇歲旱．張旗震鼓．請雨多應．中有大魚．遇洪水泛下、至府東門河際．有亭容巨舫．往往載起．然終不爲人之害．舊傳舜葬蒼梧邱．在道州江華縣九疑山也．

雙女冢

桂林風土記 一

丛书集成初编《桂林风土记》关于“舜祠”的记载

虞舜大典

陈仲庚 周亚平 张京华 潘雁飞 杨增和 肖献军 沈德康 诸文杰 王文西 辑录整理

湖南省舜文化研究会
湖南省舜文化研究基地
九疑山舜文化研究会

图像卷

下

岳麓書社

相关活动

在舜文化人文遗迹分布较多的省份，与舜文化相关的各种活动也举行得颇为频繁。文化活动的举行，使得舜文化研究进一步深化，与舜文化相关的创作进一步繁荣，民众对舜帝的接受越来越广泛，受舜文化的影响越来越深入，特别是在山东，舜文化得到空前的普及和推广。这些活动主要包括祭祀活动、学术活动、文艺创作和文化宣传四个方面。

首先是祭祀活动。祭祀活动包括政府或社会团体组织的较为大型的祭祀典礼和民间自发组织的祭祀活动。由政府或团体组织的祭祀典礼大多是有固定的场所和时间、遵循特定的祭祀仪式、邀请特定代表参加的祭祀活动，其中以宁远舜帝陵祭祀大典最具规模，影响也最大。民间自发组织的祭祀活动又分为群体和个体两类。其中某些民间群体组织的活动，出于对舜帝或相关人物长期的信仰或崇拜，已经向民俗转变，具有了持久的生命力。至于个体的祭祀活动，虽然祭祀规模不大，但人数甚众，每逢特殊节日，个体的祭祀活动人数会大增，这反映了舜帝在广大民众心目中的崇高地位。

其次是学术活动。学术活动包括各类与舜文化相关的研讨会和交流会及与舜文化相关的学术研究。目前，全国各地成立了各类舜文化研究机构，其中影响较大的有湖南省舜文化研究会、湖南省舜文化研究基地、山东大舜文化研究会、中国先秦史学会尧舜禹文化研究基地等。这些机构举行了一系列学术研究活动，对舜帝与家庭、舜帝与法治、舜帝与和谐社会建设等方面进行了深入探讨。

与舜文化相关的文艺创作近年来日渐繁荣，主要有浮雕、壁画、书法等，并且以舜文化为主题，多地举办了艺术节。除此之外，舜文化的创作还以人民群众喜闻乐见的广播剧、电视剧等形式呈现，既给人以审美享受，同时对于舜文化的传播和普及也起了重大作用。除了广播剧、电视剧的宣传外，与舜文化相关的文化节、文化展及团体、社区、学校举办的各类活动，也起到了对舜文化的宣传、推广作用。

一

湖南编

司马迁《史记》中有关于舜帝崩于苍梧之野并归葬江南九疑的记载，故湖南地区舜文化活动举行较频繁。在祭祀活动、学术交流、文艺创作和文化宣传上都取得了一定成果。

湖南祭祀活动较多，有东安祭祀庙会、岳阳君山祭祀二妃等，但规模最大、持续最久的是宁远舜帝陵祭舜活动。在宁远，每年清明节、春节、重阳节都举行隆重的祭祀活动。祭祀又分为官方祭祀和民间祭祀，公祭分为省祭、市祭和县祭。祭祀仪程分为：瘗毛血、就位、迎神、奠帛与初献礼、亚献、终献、饮福受胙、撤馔、辞神、望瘗、礼成。目前，宁远“舜帝祭典”已成为国家级非物质文化遗产，吸引了国内大量民众和海外华裔人士参加。

湖南成立了湖南省舜文化研究会、湖南省舜文化研究基地、永州市舜帝文化研究会、九疑山舜文化研究会等学术研究机构，开展了大量的学术研究活动，并进行了实地考察，取得了突出的研究成果，包括玉琯岩舜帝陵遗址考古发掘，《虞舜大典》之《古文献卷》及《近现代文献卷》的编纂，《舜文化研究与交流》、《舜文化研究文丛》的出版等，同时，还举办了各种类型的舜文化研讨会，探讨舜帝与道德文明、与法治及中国梦的关系，探讨舜文化价值的当代转化及运用。

湖南与舜文化相关的文艺创作较多，有浮雕、壁画、国画、雕塑等，在文化宣传上较为突出的是“中国舜帝文化万里行”活动及湖南科技学院每年举行的“舜德学子”评选活动，这些活动，对于舜文化的普及和传播起到了极其重要的推动作用。

（一）祭祀典礼

2005年湖南省公祭舜帝大典

永州 · 2005 年宁远九嶷山舜帝陵湖南省公祭舜帝大典盛况

永州· 2005 年宁远九疑山舜帝陵湖南省公祭舜帝大典乐舞告祭

2009 年湖南省公祭舜帝大典

永州 · 2009 年宁远九疑山舜帝陵湖南省公祭舜帝大典乐舞告祭

永州 · 2009 年宁远九疑山舜帝陵湖南省公祭舜帝大典 全景

己丑年湖南省公祭舜帝大典

永州 · 2009 年宁远九嶷山舜帝陵湖南省公祭舜帝大典 全景俯瞰

永州・2009年宁远九疑山舜帝陵湖南省公祭舜帝大典活动（1）

永州・2009年宁远九疑山舜帝陵湖南省公祭舜帝大典活动（2）

永州 · 2009 年宁远九疑山舜帝陵湖南省公祭舜帝大典活动（3）

永州 · 2009 年宁远九疑山舜帝陵湖南省公祭舜帝大典活动（4）

永州・2009 年宁远九疑山舜帝陵湖南省公祭舜帝大典活动（5）

永州・2009 年宁远九疑山舜帝陵湖南省公祭舜帝大典活动（6）

永州· 2009 年宁远九疑山舜帝陵湖南省公祭舜帝大典活动（7）

永州· 2009 年宁远九疑山舜帝陵湖南省公祭舜帝大典活动（8）

永州 · 2009 年宁远九疑山舜帝陵湖南省公祭舜帝大典主祭

2012 年湖南省公祭舜帝大典

永州 · 2012 年宁远九疑山舜帝陵湖南省公祭舜帝大典湖南省人民政府省长徐守盛恭读祭舜帝文

永州 · 2012 年宁远九疑山舜帝陵湖南省公祭舜帝大典仪式

永州 · 2009 年宁远九疑山舜帝陵湖南省公祭舜帝大典主祭

永州 · 2009 年宁远九疑山舜帝陵湖南省公祭舜帝大典主祭周强省长宣读祭文

永州 · 2009年宁远九疑山舜帝陵湖南省公祭舜帝大典揭碑仪式

2012 年湖南省公祭舜帝大典

永州 · 2012 年宁远九疑山舜帝陵湖南省公祭舜帝大典湖南省人民政府省长徐守盛恭读祭舜帝文

永州 · 2012 年宁远九疑山舜帝陵湖南省公祭舜帝大典仪式

永州 · 2012 年宁远九疑山舜帝陵湖南省公祭舜帝大典乐舞告祭

永州 · 2012 年宁远九疑山舜帝陵湖南省公祭舜帝大典揭碑仪式

永州 · 2012 年宁远舜帝陵碑林奠基仪式

永州 · 2012 年谢玉堂祭文碑揭碑仪式

永州 · 2012 年宁远九疑山舜帝陵湖南省公祭舜帝大典主祭团成员迈步进入祭祀大殿

永州 · 2012 年宁远九疑山舜帝陵湖南省公祭舜帝大典主祭及陪祭嘉宾参观宁远舜帝庙遗址博物馆

2015 年湖南省公祭舜帝大典

永州 · 2015 年宁远九疑山舜帝陵湖南省公祭舜帝大典湖南省人民政府省长杜家毫恭读祭文

永州 · 2015 年湖南省人民政府省长杜家毫、湖南省政协原主席王克英为舜帝陵碑林竣工揭牌

永州 · 2015 年湖南省人民政府副省长李友志主持公祭舜帝大典

永州 · 2015 年祭文碑揭碑仪式

永州 · 2015 年宁远九疑山舜帝陵湖南省公祭舜帝大典主祭团成员

永州 · 2015 年宁远九疑山舜帝陵湖南省公祭舜帝大典参祭群众

永州・2015年宁远九疑山舜帝陵湖南省公祭舜帝大典乐舞告祭

永州・2015年宁远九疑山舜帝陵湖南省公祭舜帝大典祭祀活动

2004 年世界舜裔宗亲联谊会暨湖南省九疑山舜帝陵基金会公祭舜帝大典

永州 · 2004 年宁远九疑山舜帝陵世界舜裔宗亲联谊会暨湖南省九疑山舜帝陵基金会公祭舜帝大典主祭

永州 · 2004 年宁远九疑山舜帝陵
主祭陈守仁博士宣读祭文

永州 · 2004 年宁远九疑山舜帝陵基金会理事长王克英恭读祭文

永州 · 2004 年宁远九疑山舜帝陵世界舜裔宗亲联谊会暨湖南省九疑山舜帝陵基金会公祭舜帝大典仪式 (1)

永州 · 2004 年宁远九疑山舜帝陵世界舜裔宗亲联谊会暨湖南省九疑山舜帝陵基金会公祭舜帝大典仪式 (2)

永州 · 2004 年宁远九疑山舜帝陵海内外代表团恭祭舜帝

永州 · 2004 年宁远九疑山舜帝陵基金会理事长王克英热情接待中外来宾

永州 · 2004 年宁远九疑山舜帝陵世界舜裔宗亲联谊会暨湖南省九疑山舜帝陵基金会公祭舜帝大典座谈会

永州 · 2004 年世界舜裔宗亲联谊会主席陈守仁博士在宁远舜帝陵题词

2000 年永州市公祭舜帝大典

永州 · 2000 年宁远九疑山舜帝陵永州市公祭舜帝大典盛况

永州 · 2000 年宁远九疑山舜帝陵永州市市长刘爱才焚帛书

永州 · 2000 年宁远九疑山舜帝陵永州市公祭舜帝大典敬献祭品

永州 · 2000 年宁远九疑山舜帝陵永州市公祭舜帝大典主祭团成员

2006 年永州市公祭舜帝大典

永州 · 2006 年宁远九疑山舜帝陵永州市公祭舜帝大典盛况

永州 · 2006 年永州市委书记曾庆炎、永州市人民政府市长龚武生揭碑

永州 · 2006 年宁远九疑山舜帝陵永州市公祭舜帝大典主祭团敬献花篮

永州 · 2006 年宁远九疑山舜帝陵在公祭现场央视举行激情广场活动

永州 · 2006 年宁远九疑山舜帝陵永州市公祭舜帝大典乐舞告祭

2014 年社会各界祭舜大典

永州 · 2014 年宁远九疑山舜帝陵永州市人民政府市长向曙光恭读祭文

永州 · 2014 年宁远九疑山舜帝陵永州市委书记陈文浩恭读祭文

永州 · 2014 年宁远九疑山舜帝陵主祭团成员虔诚恭祭舜帝

永州 · 2014 年宁远九疑山主祭团领导考察舜帝陵

2017 年祭祀舜帝大典

永州：2017年宁远九疑山舜帝陵祭祀舜帝大典盛况（1）

丁酉年
热烈祝贺2017年湖南省冬季

永州：2017 年宁远九疑山舜帝陵祭祀舜帝大典盛况（2）

永州 · 2017 年宁远九疑山舜帝陵祭祀舜帝大典盛况（3）

永州 · 2017 年宁远九疑山舜帝陵祭祀舜帝大典活动（1）

永州 · 2017 年宁远九疑山舜帝陵祭祀舜帝大典活动（2）

永州 · 2017 宁远九疑山舜帝陵祭祀舜帝大典活动（3）

永州 · 2017 年宁远九疑山舜帝陵祭祀舜帝大典活动（4）

永州 · 2017 年宁远九疑山舜帝陵祭祀舜帝大典活动（5）

永州 · 2017 年宁远九疑山舜帝陵祭祀舜帝大典活动（6）

1993 年宁远县舜帝陵祭舜活动

永州 · 1993 年九疑山国家森林公园开园，时任零陵地委书记秦光荣致辞

永州 · 1993 年九疑山国家森林公园开园，时任宁远县县长张复卿致辞并祭舜

永州 · 1993 年九疑山国家森林公园开园，时任宁远县县委书记周建达致辞并祭舜

永州 · 1993 年抢修舜帝陵奠基

2008 年宁远县公祭舜帝大典

永州 · 2008 年宁远县人民政府县长罗建华恭读祭文

永州 · 2008 年宁远县公祭舜帝大典揭碑仪式

永州 · 2008 年宁远县公祭舜帝大典祭文揭碑仪式嘉宾

2011 年宁远县公祭舜帝大典

永州 · 2011 年宁远县人民政府县长刘卫华恭读祭文

永州 · 2011 年宁远县委书记严兴德恭读追思敬悼文

2015 年宁远县社会各界祭祀舜帝大典

永州 · 2015 年宁远县人民政府县长桂砺锋恭读祭文

2005 年福建舜裔宗亲舜帝陵祭舜

永州 · 2005 年福建舜裔宗亲拜祭舜帝

2009 年福建舜裔宗亲赴宁远祭舜

永州 · 2009 年福建舜裔赴宁远祭拜舜帝 (1)

永州 · 2009 年福建舜裔赴宁远祭拜舜帝 (2)

永州 · 2009 年福建舜裔赴宁远祭拜舜帝 (3)

永州 · 2009 年福建舜裔赴宁远祭拜舜帝 (4)

2009年福建陈氏泉南舜裔宗亲舜帝陵祭舜

永州 · 2009年宁远九疑山舜帝陵福建陈氏泉南舜裔宗亲祭祀典礼

2011 年闽台舜裔宗亲舜帝陵祭舜

永州 · 2011 年宁远九疑山舜帝陵闽台舜裔恭祭舜帝

2012 年福建舜裔宗亲在舜帝陵前留影纪念

永州 · 2012 年宁远九疑山福建舜裔在舜帝陵前留影纪念

2013年世界姚氏宗亲联谊会祭舜大典

永州 · 2013年宁远九疑山舜帝陵世界姚氏宗亲联谊会主席姚泽嘉恭读祭文

永州 · 2013年宁远九疑山舜帝陵世界姚氏宗亲联谊会合影

永州 · 2013 年宁远九疑山舜帝陵世界姚氏宗亲联谊会祭舜大典盛况

永州 · 2013 年宁远九疑山舜帝陵世界姚氏宗亲联谊会祭舜大典揭碑仪式

永州 · 2013 年宁远九疑山舜帝陵世界姚氏宗亲联谊会敬献牌匾

2014 年舜裔宗亲赴宁远祭舜

永州· 2014 年舜裔宗亲赴宁远祭舜 (1)

永州・2014 年舜裔宗亲赴宁远祭舜 (2)

永州・2014 年舜裔宗亲赴宁远祭舜 (3)

永州 · 2014 年舜裔宗亲赴宁远祭舜 (4)

永州 · 2014 年舜裔宗亲赴宁远祭舜 (5)

永州 · 2014 年舜裔宗亲赴宁远祭舜 (6)

永州 · 2014 年舜裔宗亲赴宁远祭舜 (7)

2014 年岳阳君山闽台姚陈舜裔舜帝二妃宗亲祭祖活动

岳阳・君山风景区 2014 年福建、台湾姚姓、陈姓舜裔舜帝二妃宗亲祭祖活动 (1)

岳阳・君山风景区 2014 年福建、台湾姚姓、陈姓舜裔舜帝二妃宗亲祭祖活动 (2)

岳阳・君山风景区 2014 年福建、台湾姚姓、陈姓舜裔舜帝二妃宗亲祭祖活动 (3)

2017年福建舜裔“天下第一团”祭舜大典

永州·2017年宁远九疑山舜帝陵福建舜裔“天下第一团”祭舜大典（1）

永州·2017年宁远九疑山舜帝陵福建舜裔“天下第一团”祭舜大典（2）

2017 年海外华侨华人祭舜大典

永州 · 2017 年宁远九疑山舜帝陵主祭人湖南省政协副主席袁新华恭读祭文

永州 · 2017 年宁远九疑山舜帝陵海外华侨华人祭舜大典盛况 (1)

永州 · 2017 年宁远九疑山舜帝陵海外华侨华人祭舜大典盛况 (2)

2017 年韩国训蒙斋书院虔诚拜谒舜帝陵

永州 · 2017 年宁远九疑山韩国训蒙斋书院拜谒舜帝陵 (1)

永州 · 2017 年宁远九疑山韩国训蒙斋书院拜谒舜帝陵 (2)

外国友人拜谒宁远九疑山舜帝陵

永州 · 外国友人拜谒宁远九疑山舜帝陵（1）

永州・外国友人拜谒宁远九疑山舜帝陵（2）

永州・外国友人拜谒宁远九疑山舜帝陵（3）

（二）学术活动

2000 年永州首届舜文化研讨会

永州 · 2000 年永州首届舜文化研讨会

2003 年全国首届“舜文化与中华道德文明”理论研讨会

永州 · 2003 年全国首届“舜文化与中华道德文明”理论研讨会

2004 年湖南省舜文化研究会第一次会员代表大会

永州 · 2004 年湖南省舜文化研究会第一次会员代表大会

2007 年湖南省舜文化学术研讨会

永州 · 2007 年湖南省舜文化学术研讨会 (1)

永州 · 2007 年湖南省舜文化学术研讨会 (2)

永州 · 2007 年湖南省舜文化学术研讨会 (3)

永州 · 2007 年湖南省舜文化研究基地挂牌

永州 · 2007 年湖南省社科院舜文化研究分院授牌

2009 年虞舜孝文化与《北游记》专题研讨会

永州 · 2009 年虞舜孝文化与《北游记》专题研讨会

2011 年舜文化研究与《舜文化研究文丛》学术研讨会

永州 · 2011 年舜文化研究与《舜文化研究文丛》学术研讨会 (1)

永州 · 2011 年舜文化研究与《舜文化研究文丛》学术研讨会 (2)

2012 年第四届中国（宁远）大舜文化研讨会

永州 · 2012 年第四届中国（宁远）大舜文化研讨会

2012 年《虞舜大典·近现代文献卷》首发式暨舜文化学术研讨会

长沙·2012 年《虞舜大典·近现代文献卷》首发式暨舜文化学术研讨会（1）

长沙·2012 年《虞舜大典·近现代文献卷》首发式暨舜文化学术研讨会（2）

2014 年中国九疑山舜文化与中国梦研讨会

永州 · 2014 年中国九疑山舜文化与中国梦研讨会 (1)

永州·2014年中国九疑山舜文化与中国梦研讨会(2)

永州·2014年中国九疑山舜文化与中国梦研讨会(3)

永州 · 2014 年九疑山舜文化与中国梦研讨会 (4)

永州 · 2014 年九疑山舜文化与中国梦研讨会 (5)

2015 年中国九疑山依法治国与舜文化研讨会

永州·2015 年中国九疑山依法治国与舜文化研讨会现场 (1)

永州·2015 年中国九疑山依法治国与舜文化研讨会现场 (2)

永州 · 2015 年中国九疑山依法治国与舜文化研讨会现场 (3)

永州 · 2015 年中国九疑山依法治国与舜文化研讨会现场 (4)

2016 年中国九疑山舜文化研究会赴泰国参加第 24 届世界舜裔宗亲联谊会

泰国 · 2016 年九疑山舜文化研究会会长致词

泰国 · 2016 年九疑山舜文化研究会考察团在泰国舜裔总会考察

泰国 · 2016 年九疑山舜文化研究会与印尼宗亲交流

湖南科技学院国学读书会成员前往潇湘庙实地考察

永州·湖南科技学院国学读书会成员前往潇湘庙实地考察 (1)

永州·湖南科技学院国学读书会成员前往潇湘庙实地考察 (2)

永州·湖南科技学院国学读书会成员前往潇湘庙实地考察 (3)

湖南省舜文化研究会获奖证书

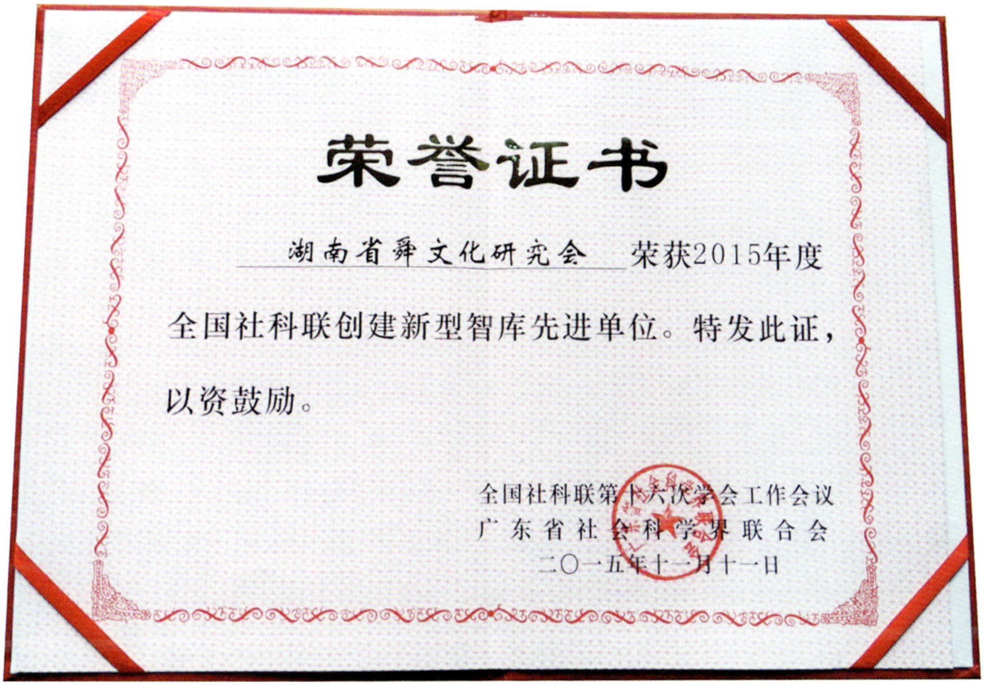

湖南省舜文化研究会获“2015 年度全国社科联创建新型智库先进单位”

湖南当代学者研究成果

《虞舜大典 · 古文献卷》书影

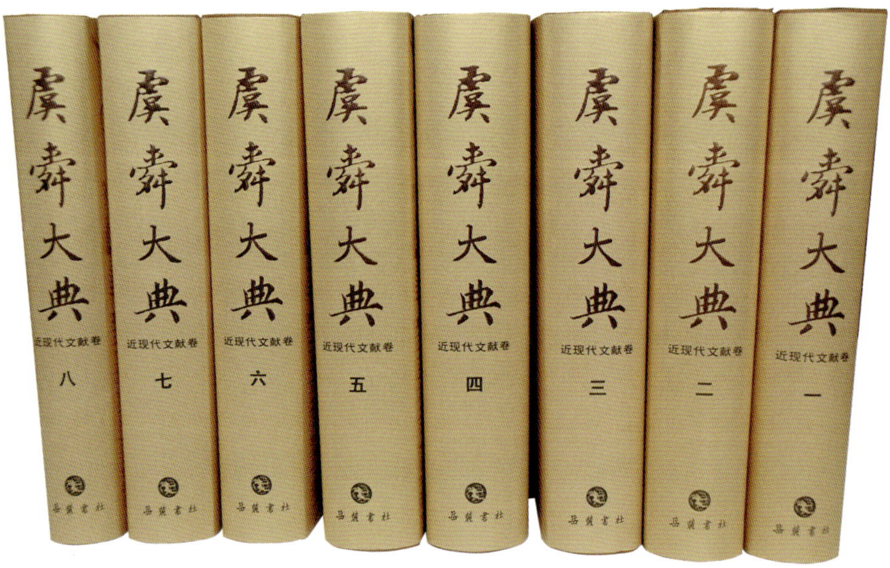

《虞舜大典 · 近现代文献卷》（与山东大舜文化研究会等合编）书影（1）

《虞舜大典·近现代文献卷》书影（2）

《虞舜大典·近现代文献卷》书影（3）

《舜文化研究文丛》书影

《舜帝陵丛书》书影

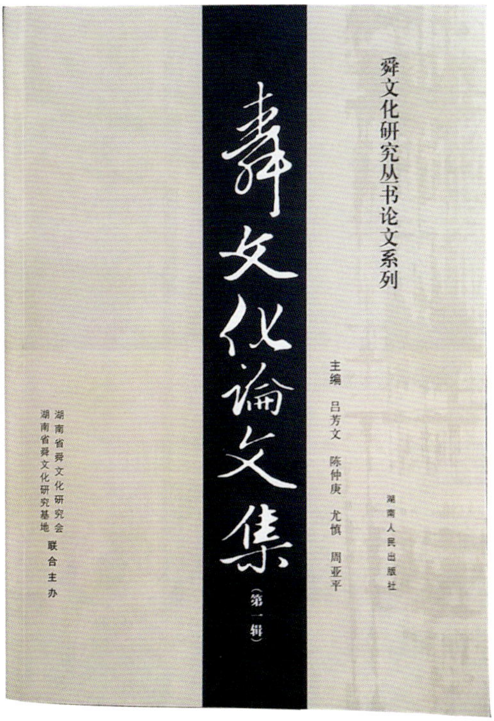

《舜文化论文集》（第一辑）书影

《舜文化与中华民族道德文明研究》书影

《九嶷山舜帝陵》书影

《九疑山舜文化》（总第 4 期）书影

宁远舜帝陵历代帝王祭舜浮雕

历代帝王祭舜浮雕

历代名人谒舜陵浮雕

宁远舜帝陵舜帝事迹壁画

永州 · 宁远舜帝陵舜帝事迹壁画之《万山朝九疑》(刘双全作品)

永州·宁远舜帝陵舜帝事迹壁画之《仁孝图》(刘双全作品)

永州·宁远舜帝陵舜帝事迹壁画之《韶乐图》(刘双全作品)

永州 · 宁远舜帝陵舜帝事迹壁画之《禅让图》(刘双全作品)

永州 · 宁远舜帝陵舜帝事迹壁画之《南巡图》(刘双全作品)

永州·宁远舜帝陵舜帝事迹壁画之《二妃哭竹图》(刘双全作品)

宁远舜德书院名家书法碑刻

文怀沙书《离骚》联句碑刻

启功书《仿郑板桥兰竹自题》碑刻

姚奠中题字碑刻

欧阳中石题字碑刻

李铎书《南风歌》碑刻

沈鹏书李白《远别离》碑刻

孙伯翔书《卿云歌》碑刻

刘炳森书王羲之自集联碑刻

张海书何绍基《游九疑山》碑刻

张海书胡若隐《江南九疑》碑刻

孙家正题字碑刻

王冬龄书毛泽东《七律·答友人》碑刻

周其凤题字碑刻

王镛节录《史记·秦始皇本纪》引韩子语碑刻

言恭达书柳宗元《舜庙祈晴文》碑刻

苏士澍题字碑刻

张旭光书李郃《过九疑山》碑刻

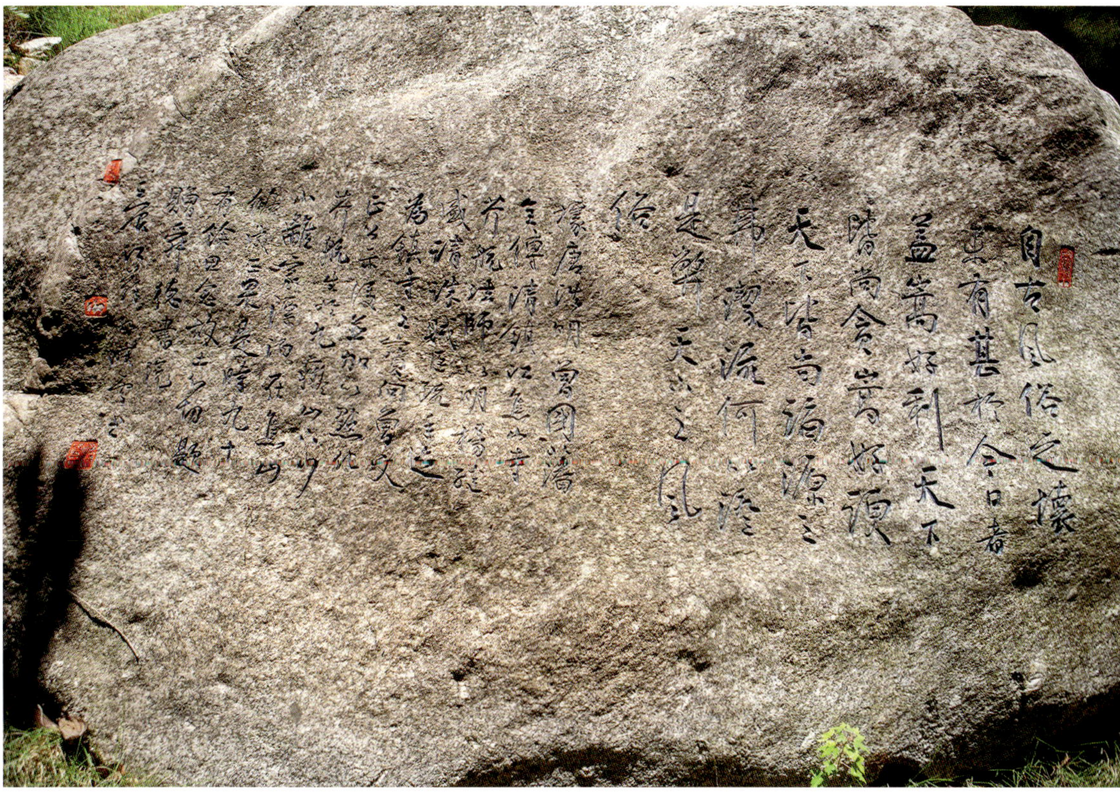

孙晓云题赠舜德书院书法碑刻

杨晓阳书刘鹭《次韵虞舜庙怀古》碑刻

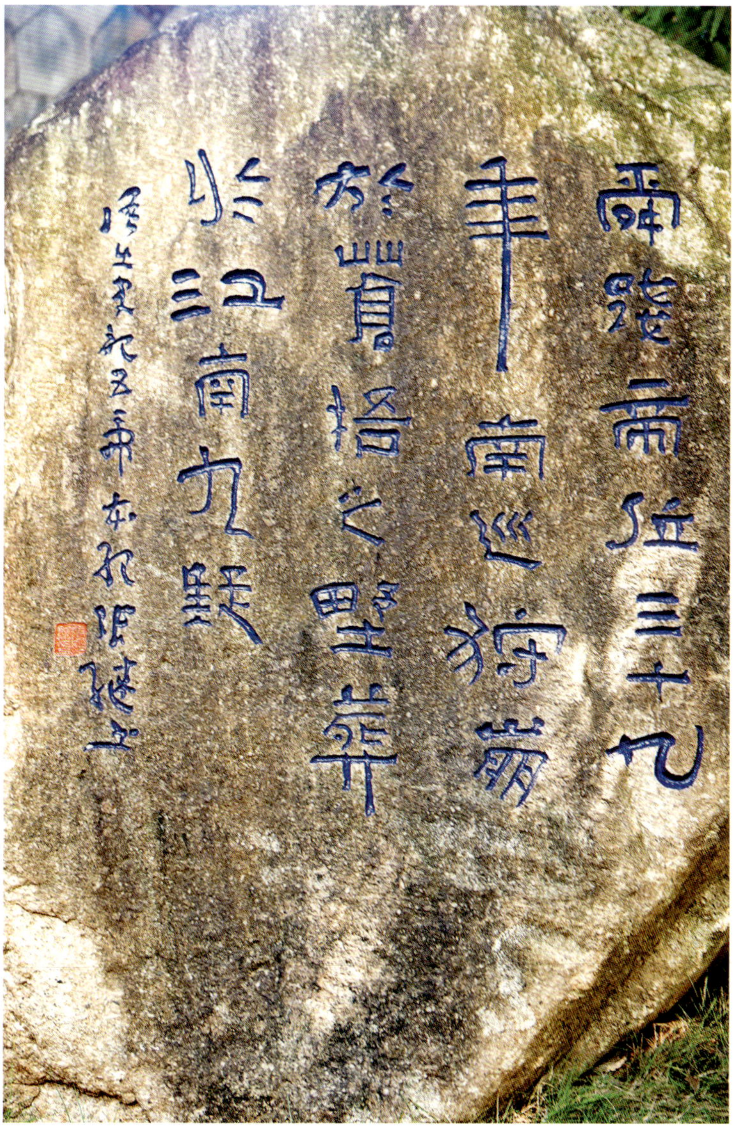

张继节录《史记·五帝本纪》碑刻

夏谊节录《淮南子 · 泰族训》碑刻

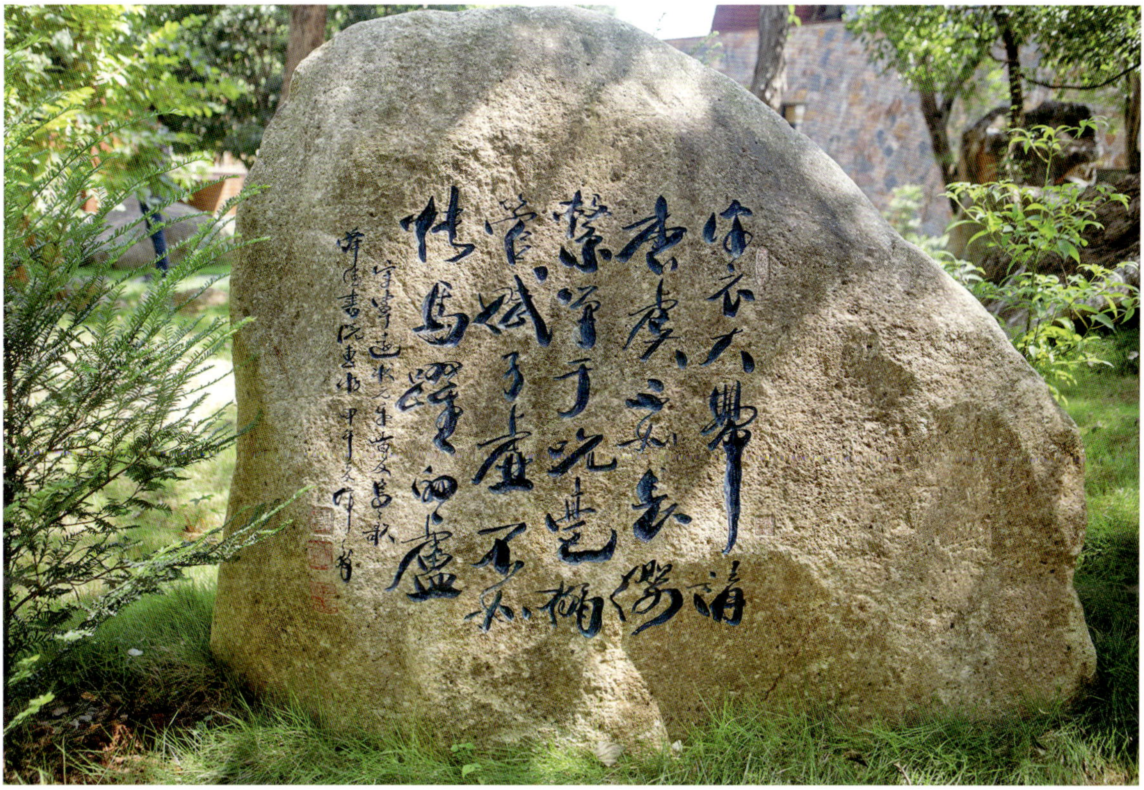

宋乐雷发《乌乌歌》碑刻

九疑山国画作品

《九疑山》（廖东望作品）

《九疑山上白云飞》(唐瘦作品)

《疑山人家》(钟辉军作品)

《疑山溪韵》（廖东望作品）

《疑山晓韵》(小庭作品)

徐霞客游九疑雕像

永州・徐霞客游九疑雕像

（四）文化宣传

2010 年中国舜帝文化万里行活动

永州 · 2010 年中国舜帝文化万里行活动 (1)

永州 · 2010 年中国舜帝文化万里行活动 (2)

永州 · 2010 年中国舜帝文化万里行活动 (3)

湖南科技学院舜德学子评选活动

永州 · 湖南科技学院舜德学子 (1)

永州・湖南科技学院舜德学子 (2)

三 山东编

山东与舜文化相关的活动也较为突出，祭祀活动、学术活动、文艺创作、文化宣传各方面发展较均衡。就祭祀活动而言，山东祭祀舜帝活动以民间祭祀为主，但2016年4月22日，在菏泽牡丹区胡集镇姚墟遗址举行的第一届全球公祭舜帝活动，规模较大，祭祀典礼规范，影响较大。

山东学术活动组织较为频繁，山东大舜文化研究会在舜文化研究领域颇为活跃，多次组织召开了舜文化学术研讨会，积极参与了《虞舜大典·近现代文献卷》的编纂，并联系诸城、青岛、烟台等地的舜文化研究机构，对推动舜文化的深入研究做出了重大贡献。

在有关舜文化的活动中，山东的文艺创作十分突出，其中尤以三次大型的文艺创作影响最大。一是2008年中央人民广播电台播出了200集长篇评书《虞舜大传》；二是2013年在济南举办的中华人民共和国第十届艺术节《大哉虞舜展》，汇集了全国书法、绘画等方面的名家，围绕舜文化主题，创作了大量艺术水平高的作品；三是2013年3月电视剧《大舜》在山东卫视播出，在全国引起了大舜热，对舜文化的普及起了巨大推动作用。另外，在潍坊诸城举行的历届大舜文化节上，也创作了大量为群众所喜闻乐见的艺术作品。

山东舜文化宣传也取得了一定成就，诸城大舜文化节、《大哉虞舜展》及电视剧《大舜》同时也是很好的文化宣传活动。除此之外，山东还把舜文化宣传活动送到了校园，济南舜耕学校舜文化专题活动形式多样，在舜文化的普及上，山东的这些经验值得其他地方学习。

（一）祭祀典礼

菏泽牡丹区祭舜典礼

菏泽・2016 年牡丹区胡集镇姚墟遗址举行第一届全球公祭舜帝活动（1）

菏泽 · 2016 年牡丹区胡集镇姚墟遗址举行第一届全球公祭舜帝活动（2）

菏泽 · 2016 年牡丹区胡集镇姚墟遗址举行第一届全球公祭舜帝活动（3）

菏泽·2016 年牡丹区胡集镇姚墟遗址举行第一届全球公祭舜帝活动 (4)

菏泽·2016 年牡丹区胡集镇姚墟遗址举行第一届全球公祭舜帝活动 (5)

菏泽 · 2016 年牡丹区胡集镇姚墟遗址举行第一届全球公祭舜帝活动 (6)

潍坊诸城民间祭舜活动

潍坊·诸城民间祭舜活动

（二）学术活动

2009 年中国（诸城）大舜文化学术研讨会

潍坊 · 2009 年中国（诸城）大舜文化学术研讨会现场

2010 年中国（诸城）大舜文化学术研讨会

潍坊 · 2010 年中国（诸城）大舜文化学术研讨会现场

2011 年烟台第三届中国大舜文化研讨会

烟台 · 第三届中国大舜文化研讨会现场

2014 年鲁台五帝年代考证研讨会

青岛 · 2014 年鲁台五帝年代考证研讨会现场（1）

青岛 · 2014 年鲁台五帝年代考证研讨会现场（2）

青岛 · 2014 年鲁台五帝年代考证研讨会现场（3）

山东当代学者研究成果

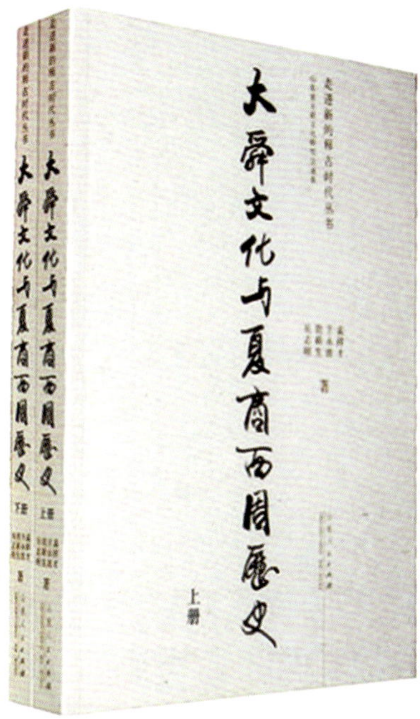

《大舜文化与夏商西周历史》书影

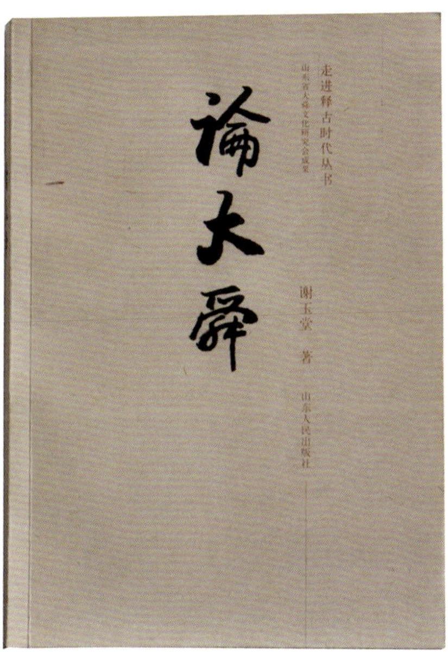

《论大舜》书影

山东省大舜文化研究会会标

山东省大舜文化研究会会标

（三）文艺创作

评书《虞舜大传》

济南·2008年中央人民广播电台200集长篇评书《虞舜大传》首播新闻发布会

十艺节“大哉虞舜展”

（1）绘画照片

济南 · 2013 年十艺节“大哉虞舜展”巨幅海报（欧阳中石题字“大哉虞舜”）

济南・2013 年十艺节“大哉虞舜展”周群书画作品《炎帝》

济南 · 2013 年十艺节“大哉虞舜展”徐永生书画作品《始祖黄帝轩辕氏》

济南·2013 年十艺节“大哉虞舜展”王景春书画作品《颛顼》

济南 · 2013 年十艺节“大哉虞舜展”李兆虬书画作品《帝喾》

济南·2013年十艺节“大哉虞舜展”王盘德书画作品《帝尧》

济南 · 2013 年十艺节“大哉虞舜展”刘胜军书画作品《皋陶》

济南 · 2013 年十艺节“大哉虞舜展”董海泉书画作品《龙》

济南 · 2013 年十艺节“大哉虞舜展”王竞艺书画作品《禹》

济南·2013 年十艺节“大哉虞舜展”王竞艺书画作品《中华人文始祖蚩尤造像》

济南·2013年十艺节“大哉虞舜展”于海龙书画作品《历山胜景》

济南 · 2013 年十艺节“大哉虞舜展”周群书画作品《舜耕历山》

济南 · 2013 年十艺节“大哉虞舜展”周群书画作品《舜渔雷泽》

济南 · 2013 年十艺节“大哉虞舜展”周群书画作品《舜陶河滨》

济南 · 2013 年十艺节“大哉虞舜展”姜超书画作品《尧帝访贤图》

济南 · 2013 年十艺节“大哉虞舜展”周群书画作品《舜逃焚廪》

济南 · 2013 年十艺节“大哉虞舜展”周群书画作品《舜逃浚井》

济南·2013年十艺节“大哉虞舜展”姜超书画作品《娥皇女英》

济南 · 2013 年十艺节“大哉虞舜展”刘书军书画作品《大舜》

济南 · 2013 年十艺节“大哉虞舜展”韩新维绘画作品《治水图》

（2）虞朝九大臣雕塑系列

济南 · 2013 年十艺节“大哉虞舜展”李友生雕塑作品《禹》

济南・2013年十艺节“大哉虞舜展”李友生雕塑作品《皋陶》

济南·2013年十艺节“大哉虞舜展”李友生雕塑作品《垂》

济南·2013年十艺节“大哉虞舜展”李友生雕塑作品《益》

济南 · 2013 年十艺节“大哉虞舜展”李友生雕塑作品《夔、伯益》

济南 · 2013 年十艺节“大哉虞舜展”李友生雕塑作品《稷》

济南 · 2013 年十艺节“大哉虞舜展”李友生雕塑作品《契》

济南·2013年十艺节“大哉虞舜展”李友生雕塑作品《龙》

（3）五帝人物画像

济南 · 2013 年十艺节“大哉虞舜展”徐永生绘画作品《黄帝》

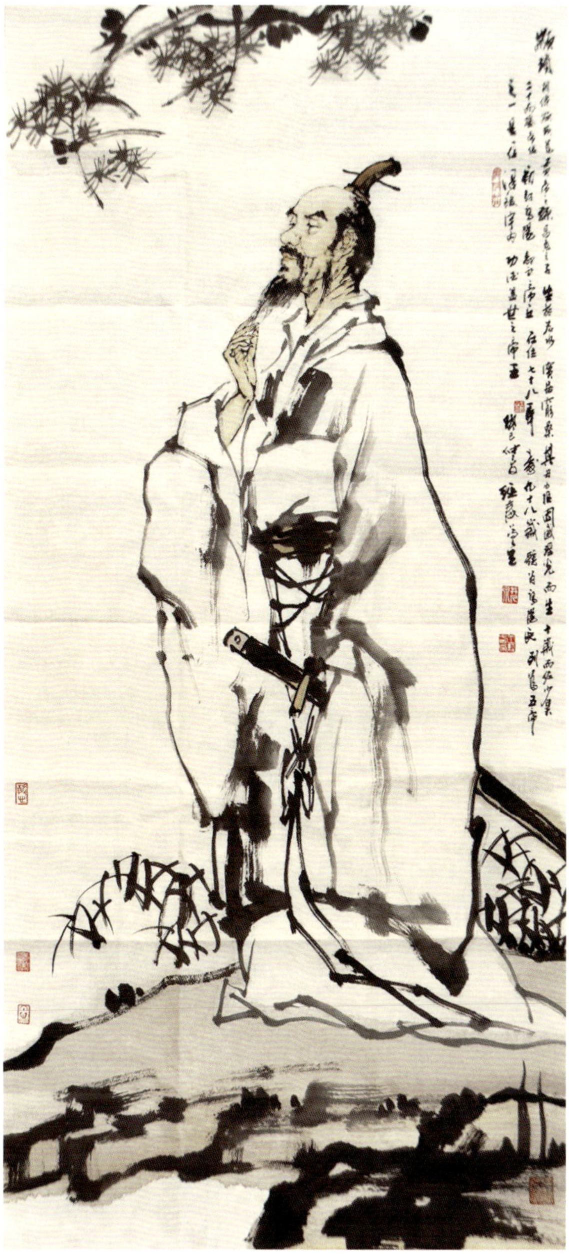

济南·2013年十艺节“大哉虞舜展”王景春绘画作品《颛顼》

济南 · 2013 年十艺节“大哉虞舜展”李兆虬绘画作品《帝喾》

济南·2013年十艺节“大哉虞舜展”王盘德绘画作品《尧》

济南 · 2013 年十艺节“大哉虞舜展”刘书军绘画作品《虞舜》

（4）“大哉虞舜展”画册

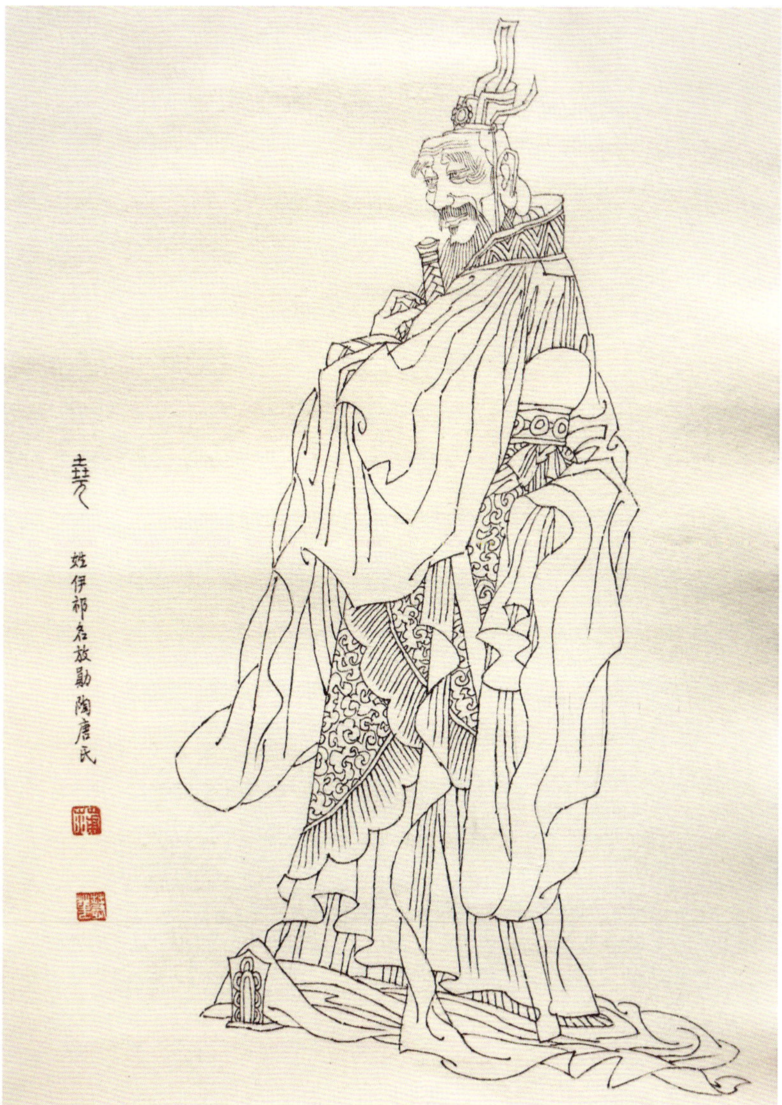

济南·2013年十艺节“大哉虞舜展”孙景全素描作品《尧》(1)

济南·2013年十艺节“大哉虞舜展”孙景全素描作品《尧》(2)

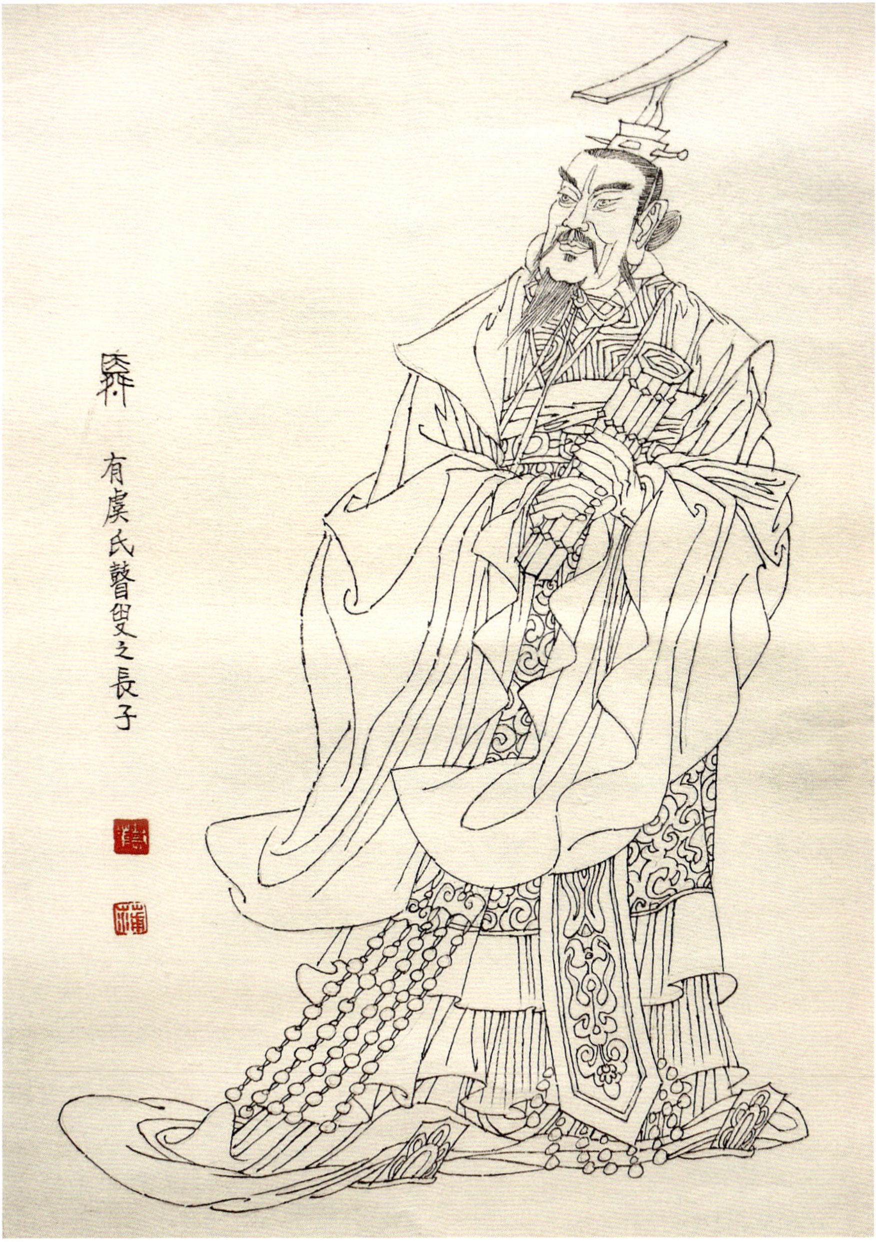

济南・2013 年十艺节“大哉虞舜展”孙景全素描作品《舜》(1)

济南 · 2013 年十艺节“大哉虞舜展”孙景全素描作品《舜》(2)

济南·2013 年十艺节“大哉虞舜展”孙景全素描作品《禹》

济南 · 2013 年十艺节“大哉虞舜展”孙景全素描作品《孟嬴》(1)

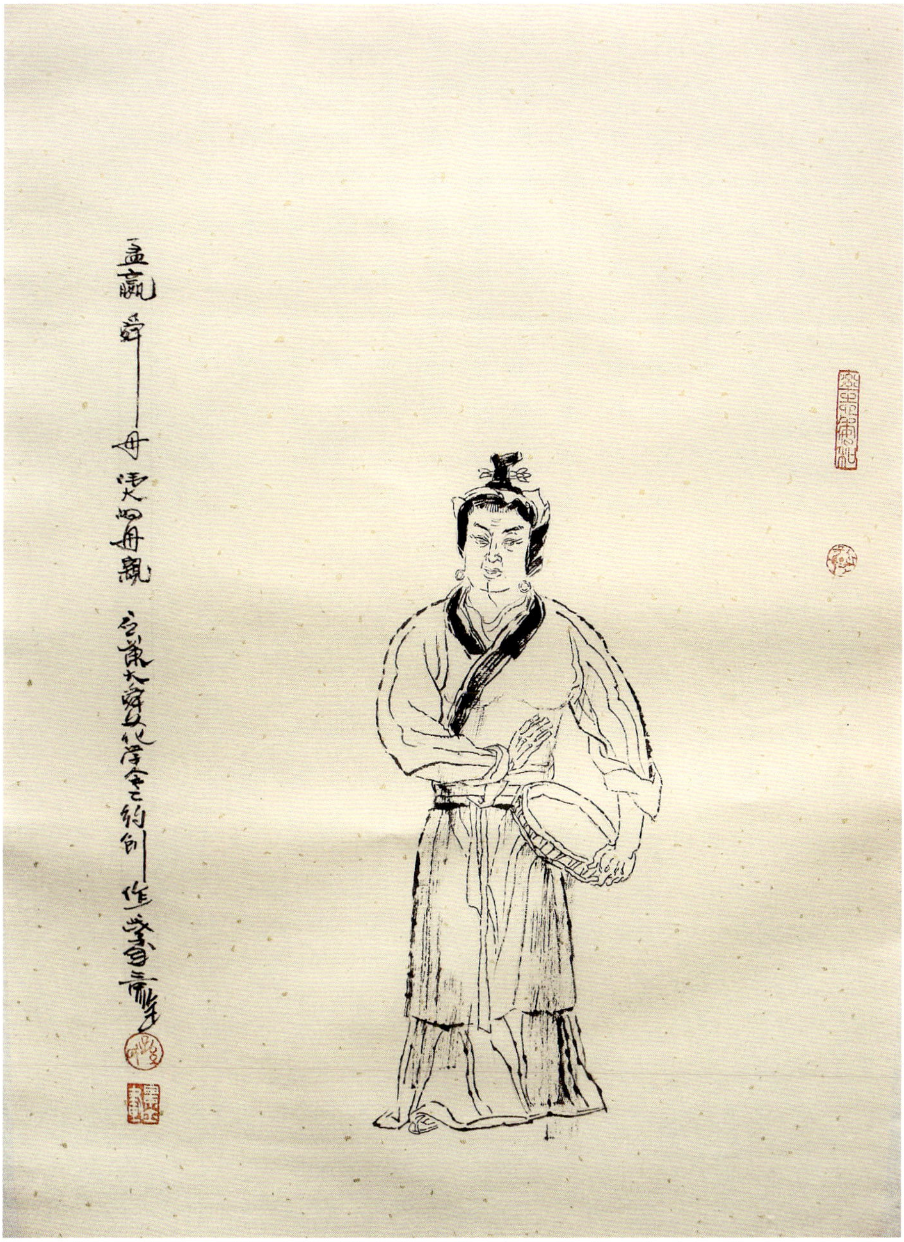

济南·2013年十艺节“大哉虞舜展”孙景全素描作品《孟嬴》(2)

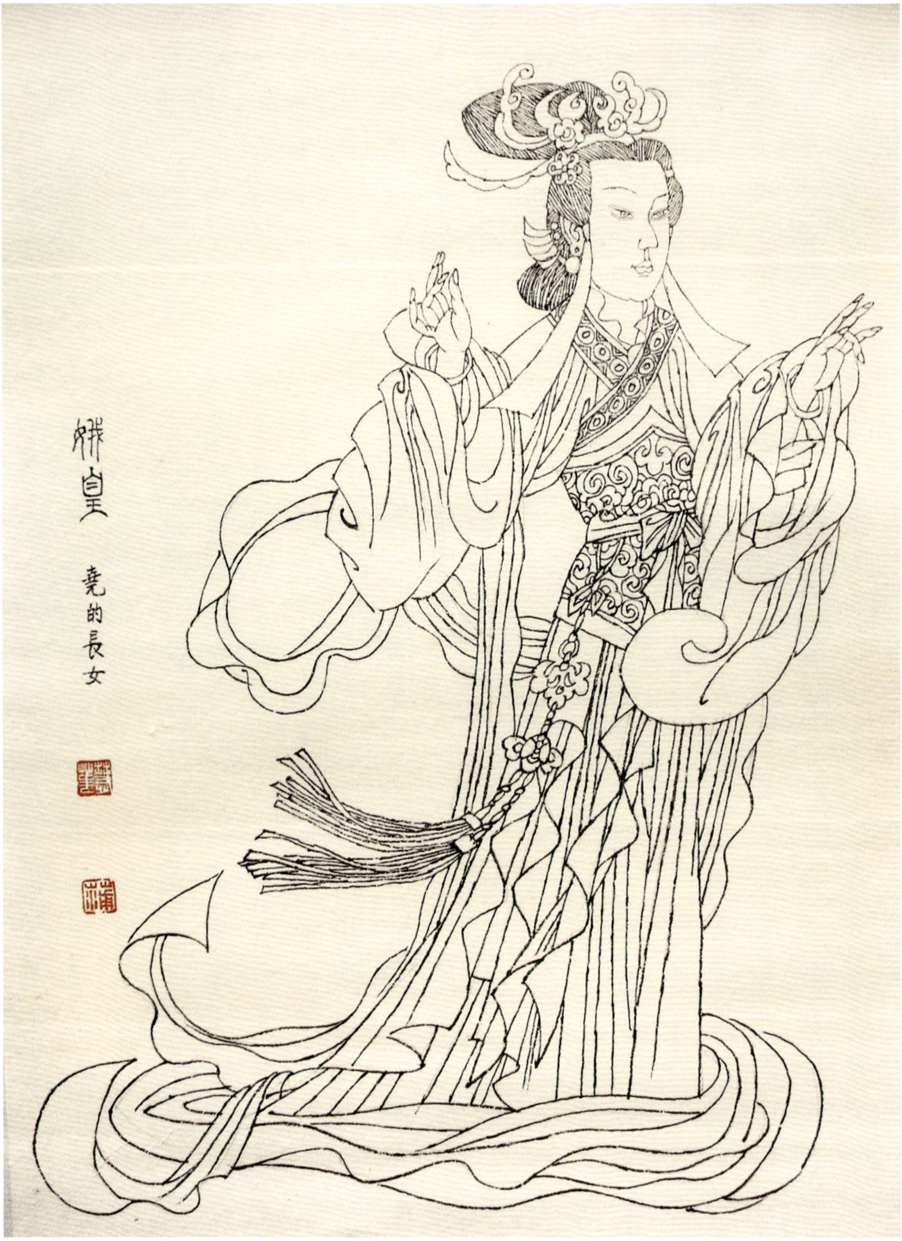

济南 · 2013 年十艺节“大哉虞舜展”孙景全素描作品《娥皇》(1)

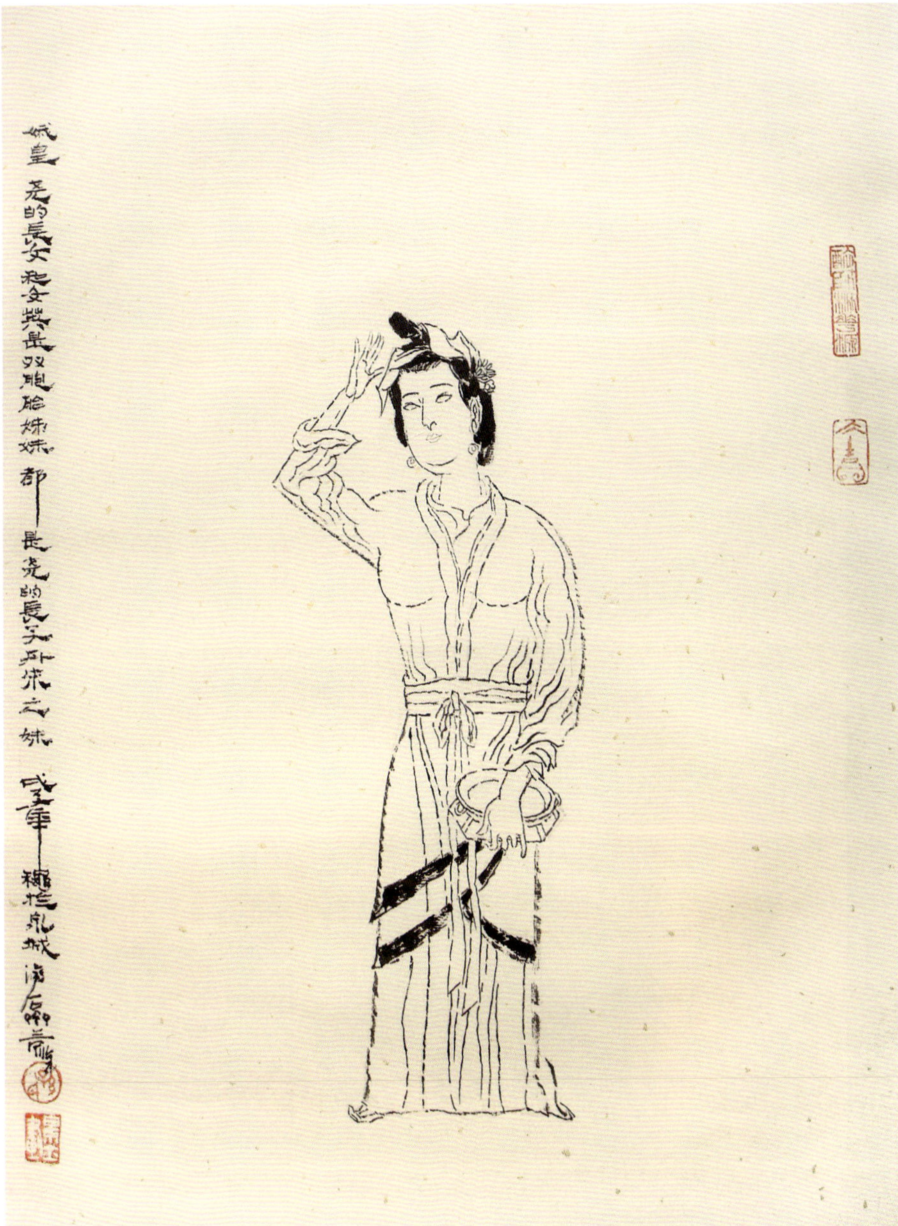

济南 · 2013 年十艺节“大哉虞舜展”孙景全素描作品《娥皇》(2)

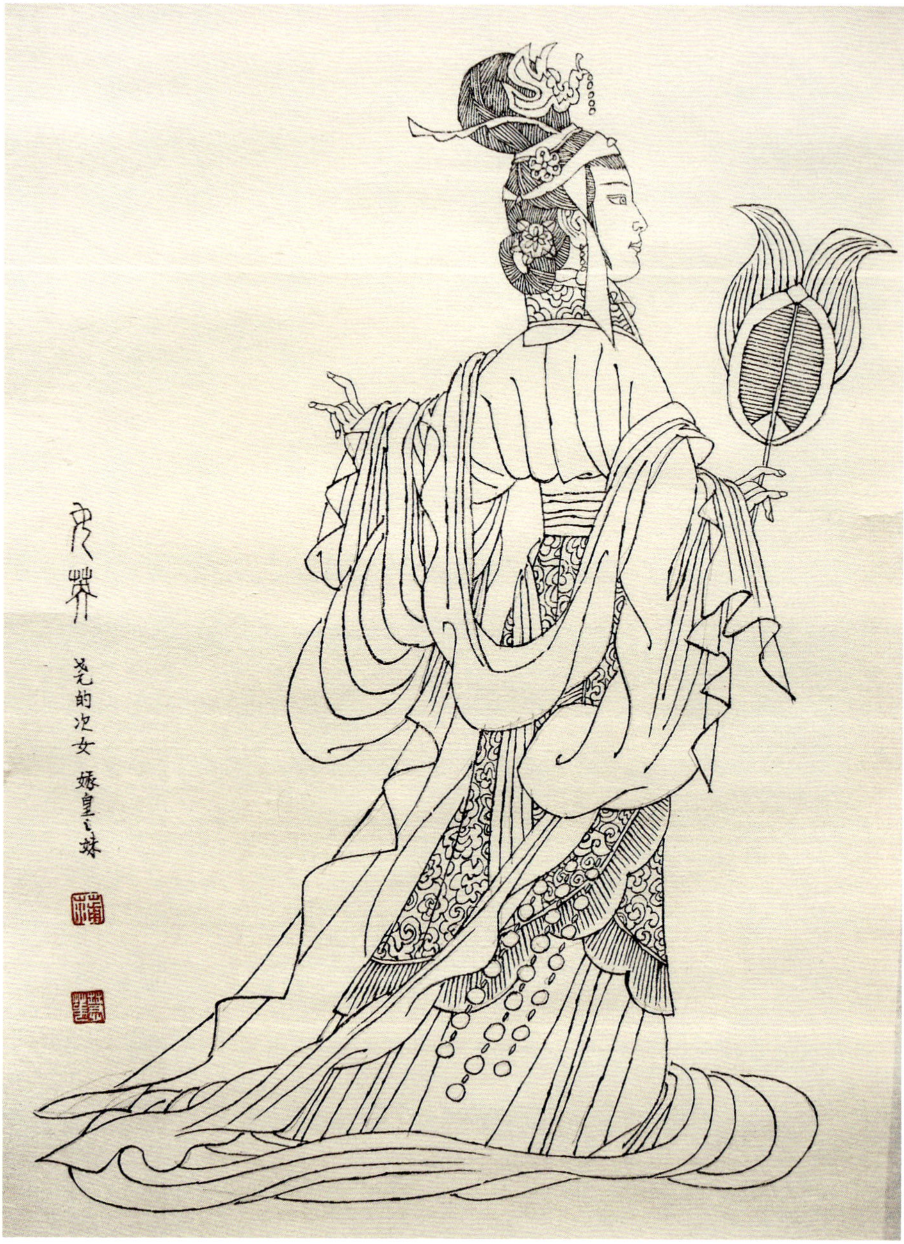

济南·2013年十艺节“大哉虞舜展”孙景全素描作品《女英》(1)

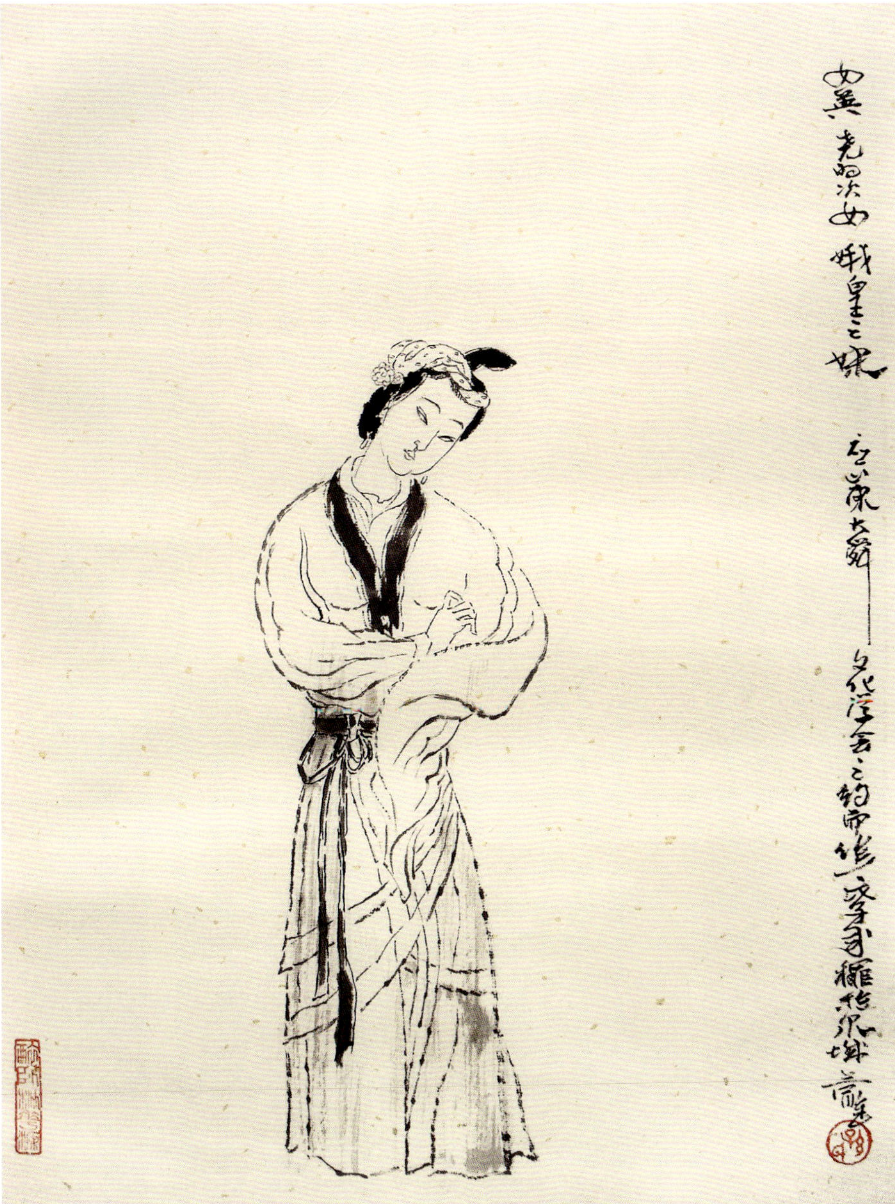

济南 · 2013 年十艺节“大哉虞舜展”孙景全素描作品《女英》(2)

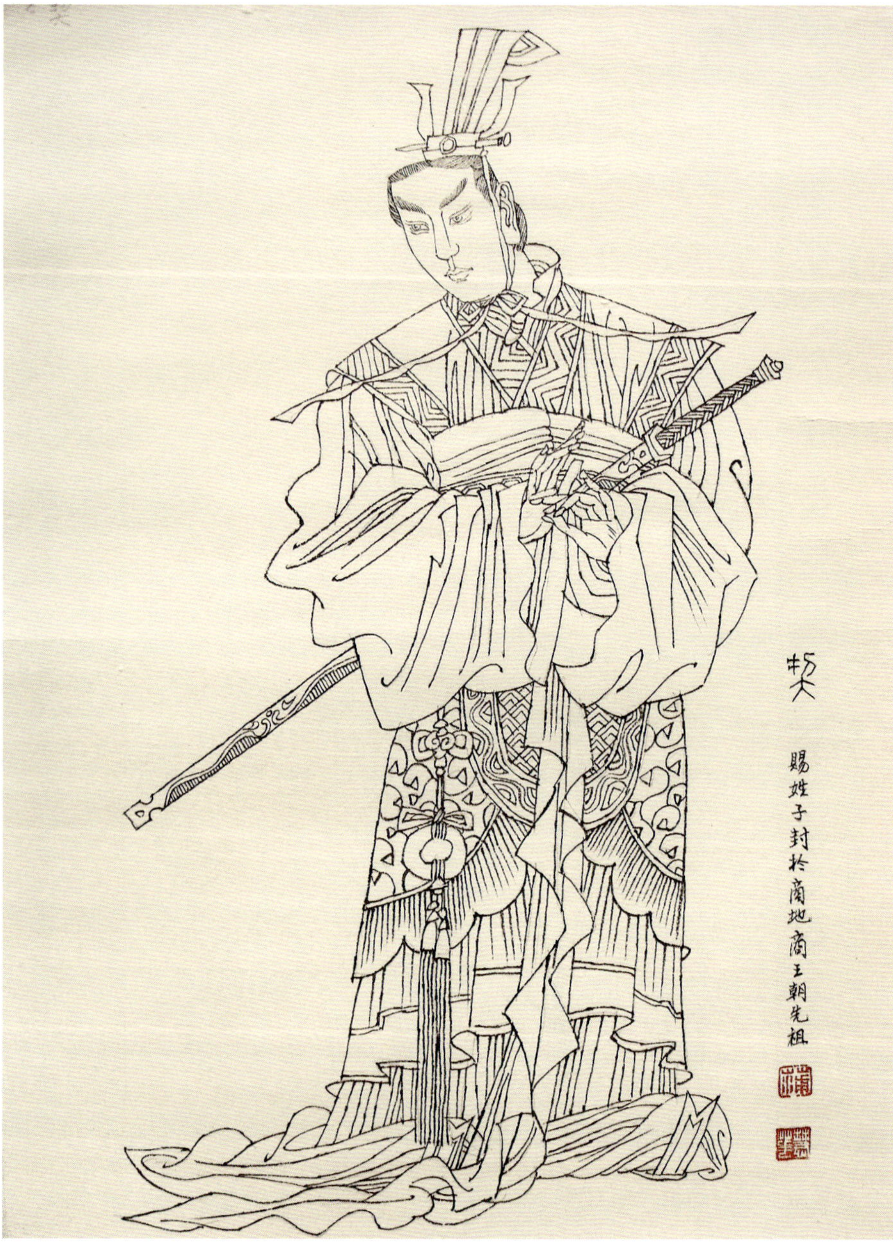

济南·2013年十艺节“大哉虞舜展”孙景全素描作品《契》(1)

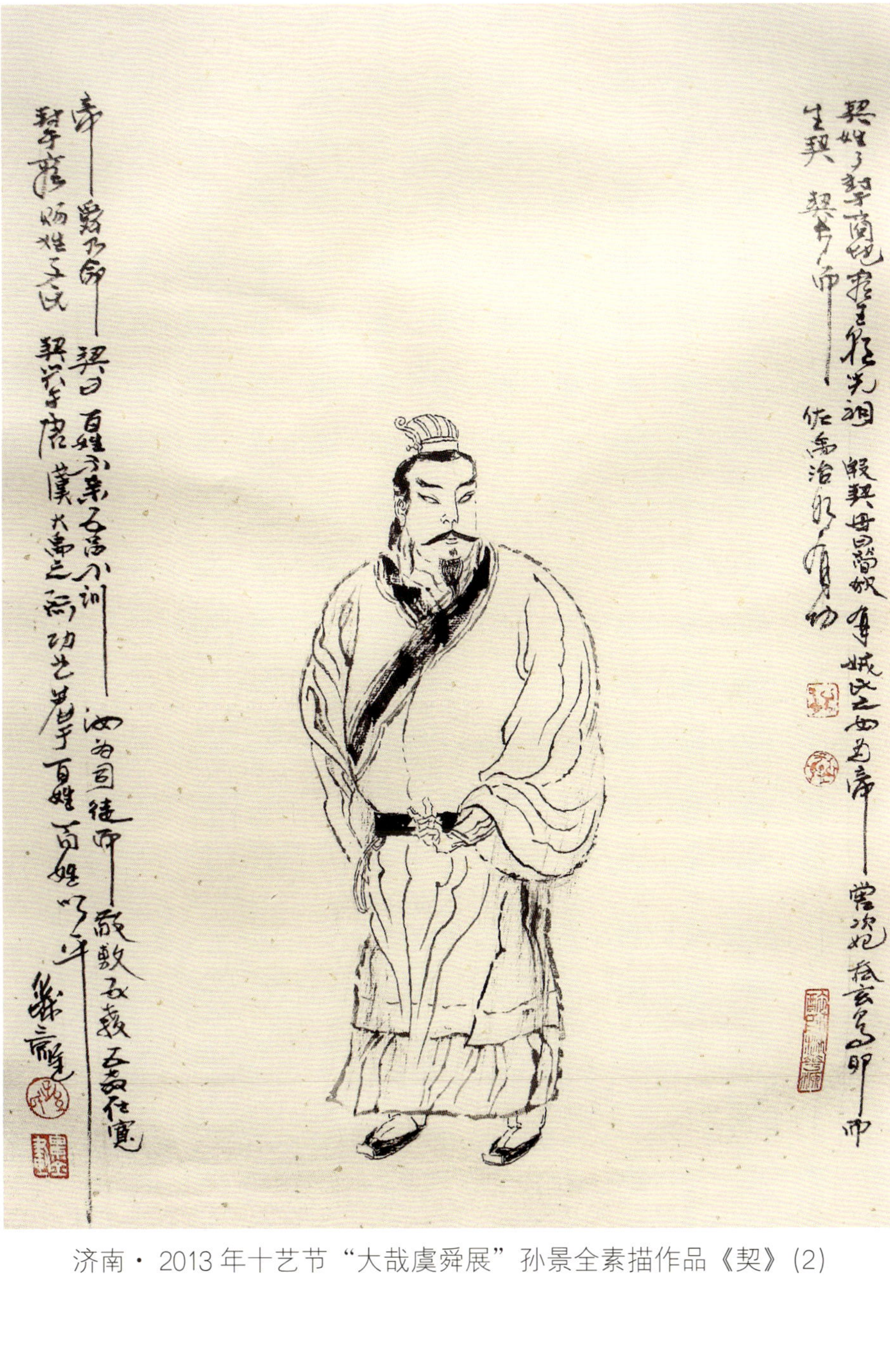

济南·2013年十艺节“大哉虞舜展”孙景全素描作品《契》(2)

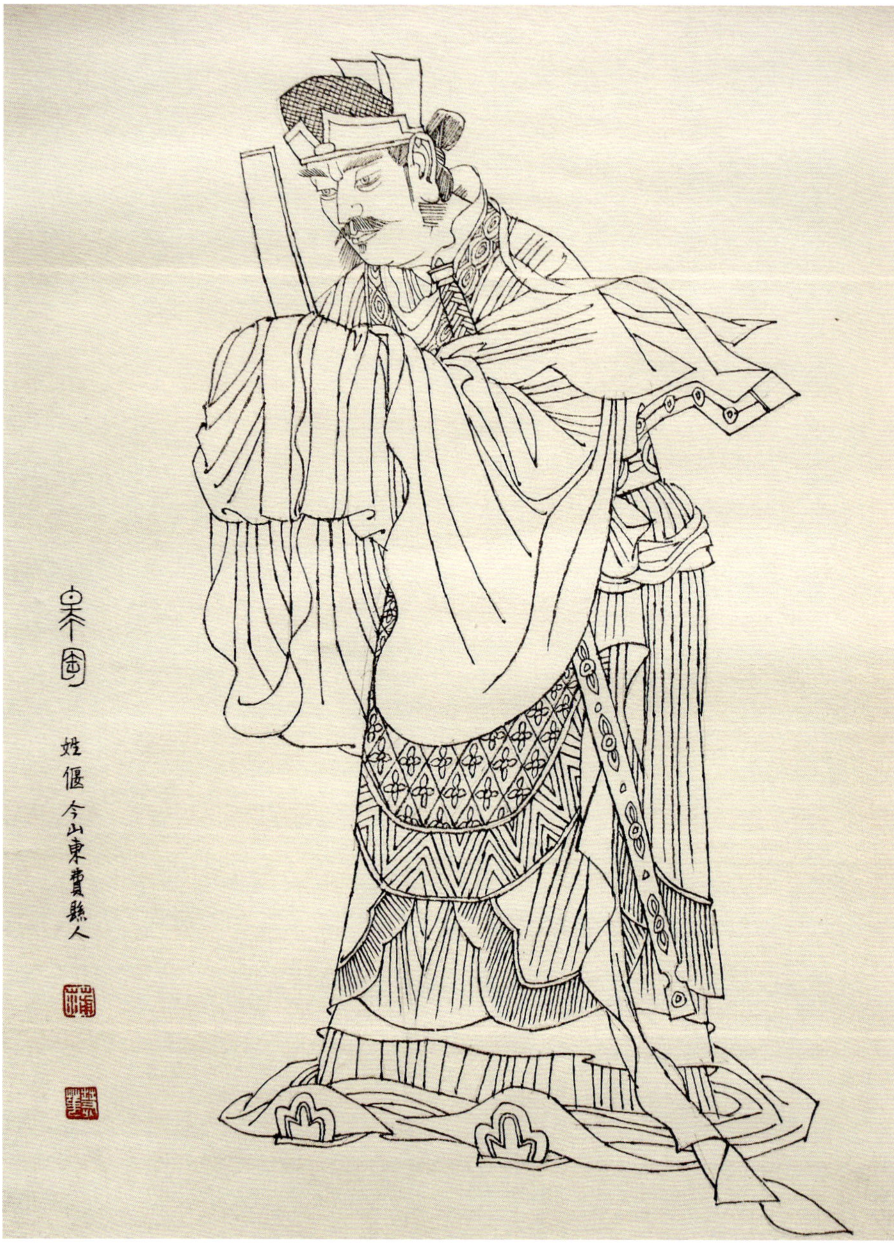

济南 · 2013 年十艺节"大哉虞舜展"孙景全素描作品《皋陶》(1)

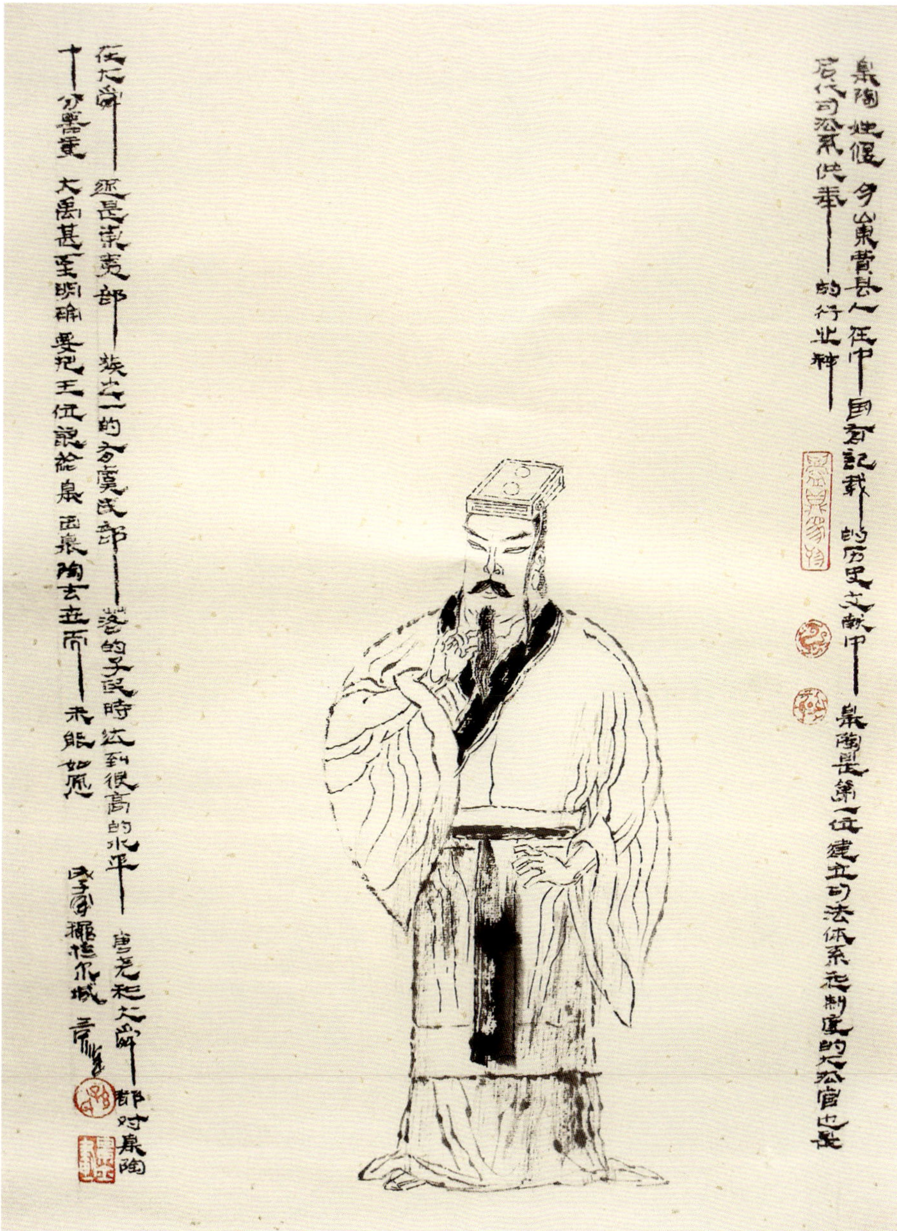

济南·2013 年十艺节“大哉虞舜展”孙景全素描作品《皋陶》(2)

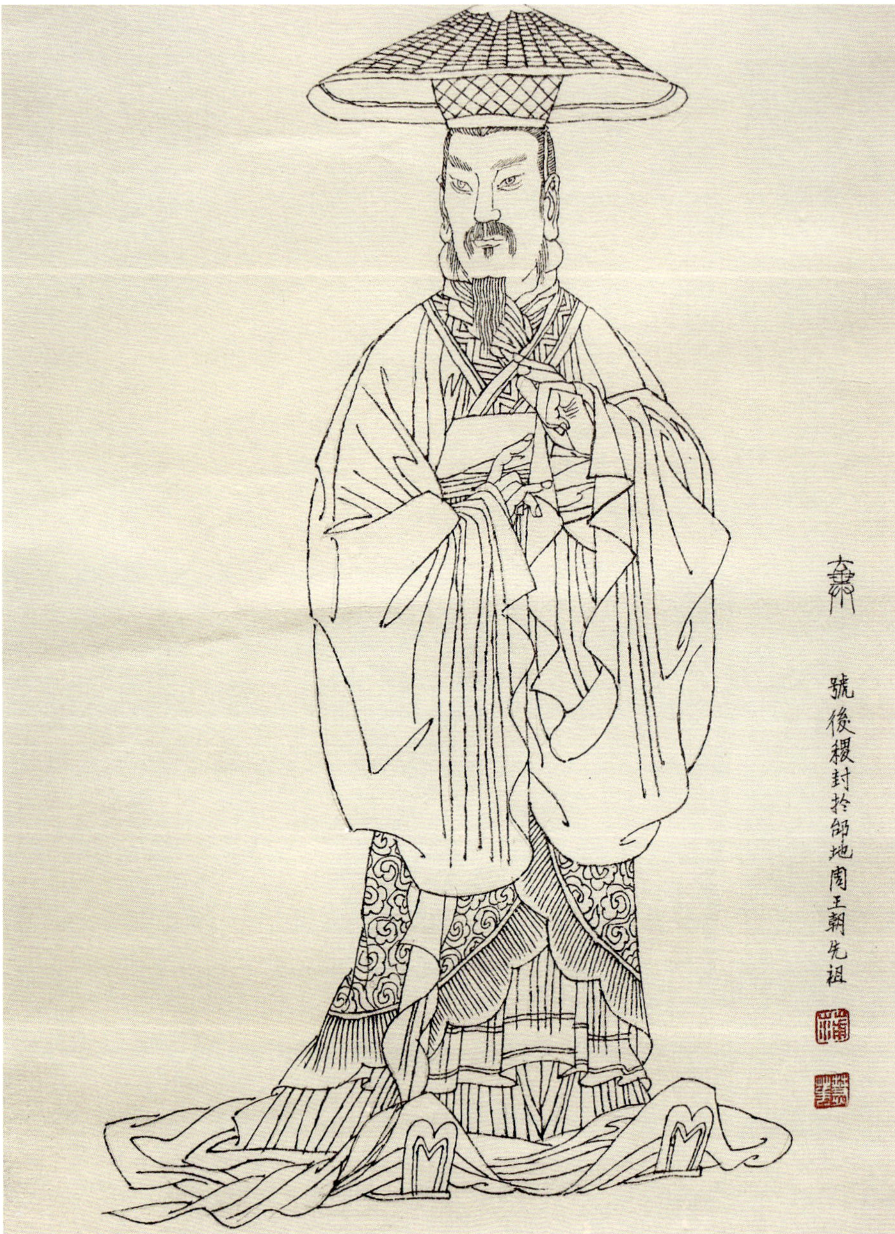

济南·2013年十艺节“大哉虞舜展”孙景全素描作品《弃》(1)

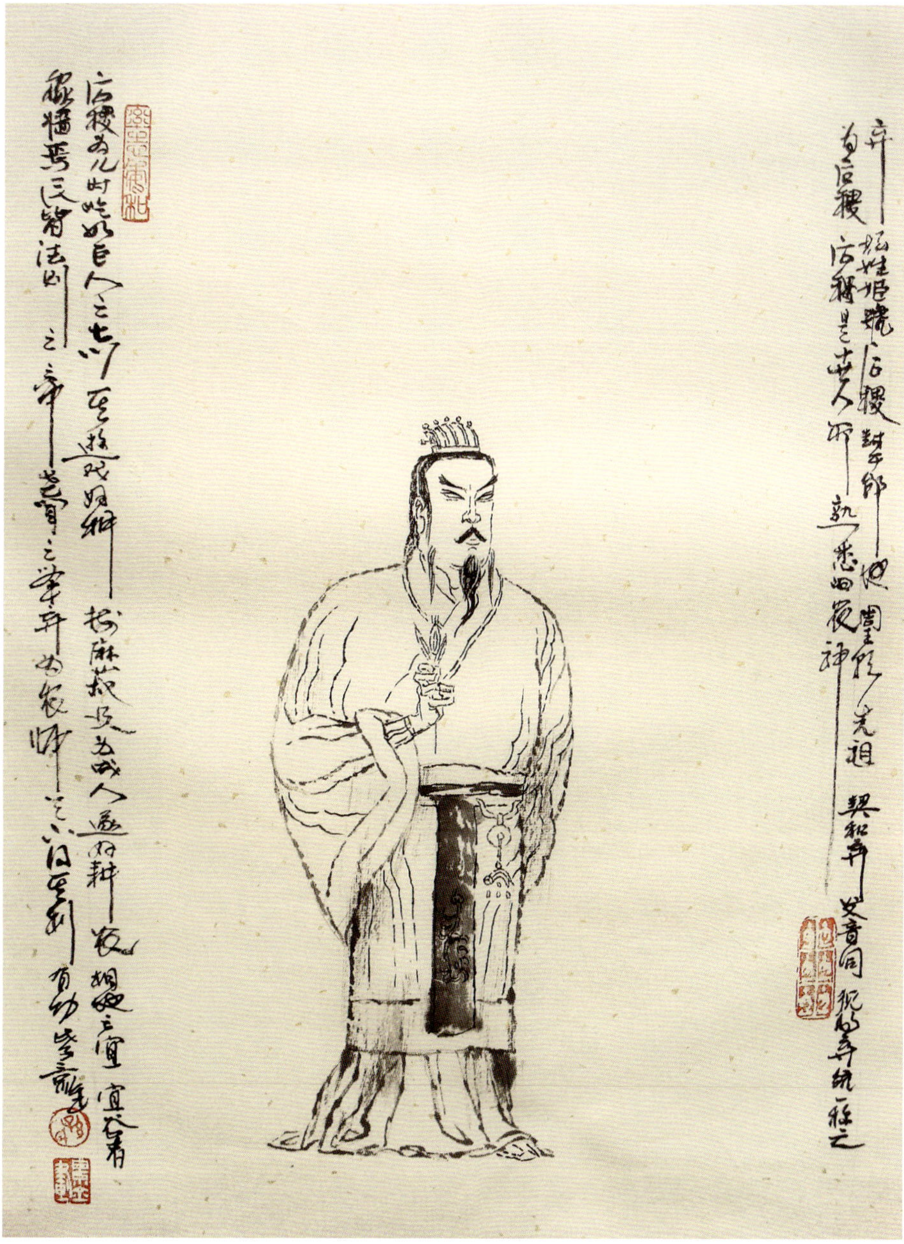

济南 · 2013 年十艺节“大哉虞舜展”孙景全素描作品《弃》(2)

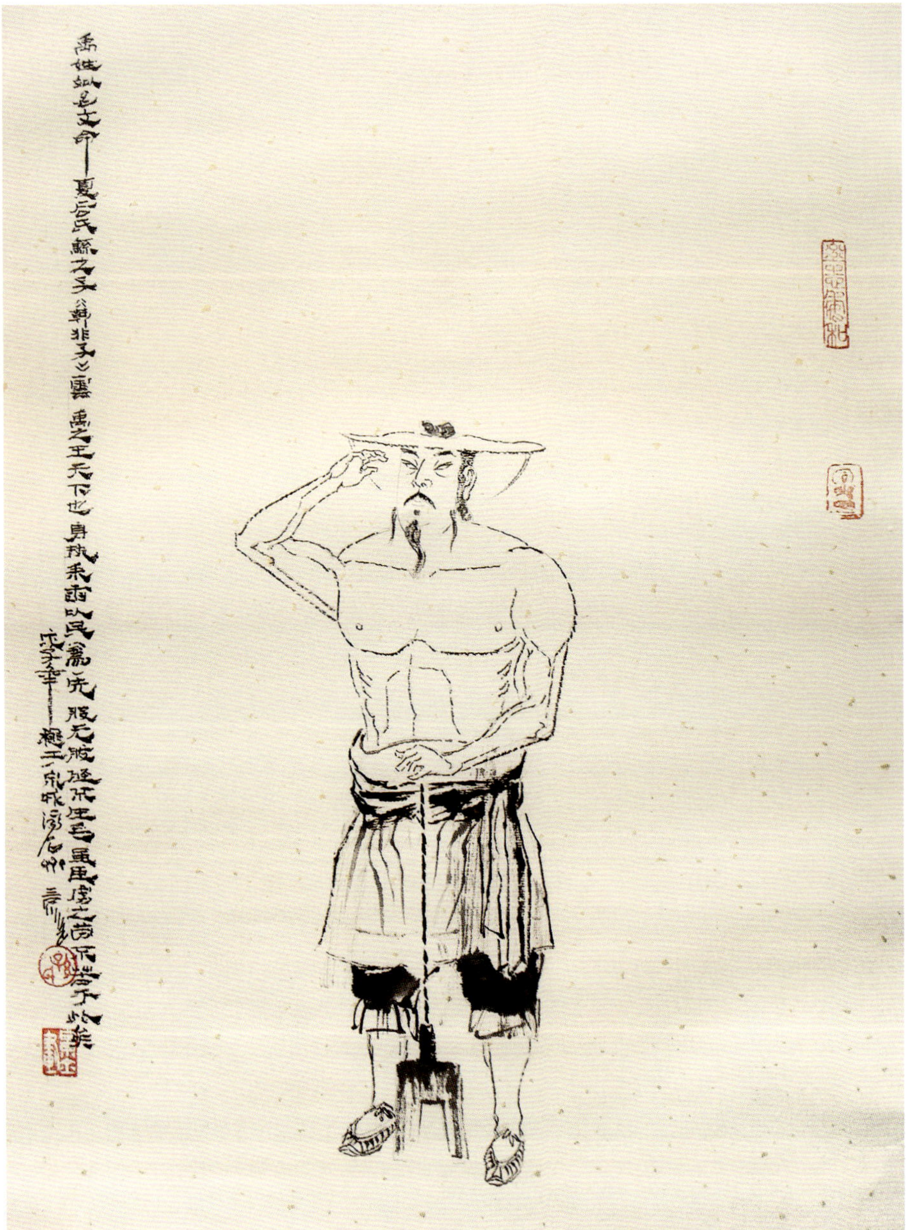

济南 · 2013 年十艺节“大哉虞舜展”孙景全素描作品《禹》

电视剧《大舜》

济南·山东省大舜文化研究会谢玉堂会长在电视剧《大舜》首播新闻发布会上讲话

《大舜》电视剧海报

中国（诸城）大舜文化节

潍坊 · 2009 中国（诸城）大舜文化节开幕式上舜帝像

三 河南编

河南同样也存在大量舜文化遗迹，在遗迹相对集中地区，文化活动也举行较多。其中濮阳市濮阳县帝舜故里瑕邱古迹庙会，体现了河南民众对舜帝的崇拜和热爱。除舜帝外，舜帝长子商均也在商丘虞城受到崇拜，这里有商均墓和商均祠，不少海内外人士在这里留下了书法作品。

2013 年农历正月十八，在濮阳市五星乡举办了首届帝舜孝道文化节，吸引了众多农民朋友和社会人士参加，孝道文化节把弘扬孝道与丰富历史文化资源内涵相结合，把弘扬孝道文化活动同“帝舜故里”景点打造和形象提升相结合，宣传了舜文化，促进了历史文化资源的合理保护和有效开发利用。

（一）祭祀典礼

商丘虞城商均祠祭祀活动

2013 年商丘市陈氏历史文化研究会文史顾问田启义主持拜谒仪式

2013 年商丘市陈氏历史文化研究会会长陈振邦恭读祭文

2013 年闽南陈氏宗亲拜谒商均祠

2013 年闽南陈氏宗亲在商均祠前行鞠躬礼

2013 年闽南陈氏宗亲参观碑林

2014年中华轩辕氏网站志伟站长与陈义军先生细览大陈庄祠堂清乾隆年间碑

2015 年盛根名誉理事长由商丘市陈氏历史文化研究会会长陈振邦陪同祭拜商均祠

2015 年世界姚氏宗亲联谊会副主席姚学谋等祭拜商均祠

濮阳市濮阳县帝舜故里瑕邱古迹庙会

濮阳市·濮阳县帝舜故里瑕邱古迹庙会

（二）文艺创作

商丘商均祠书法作品

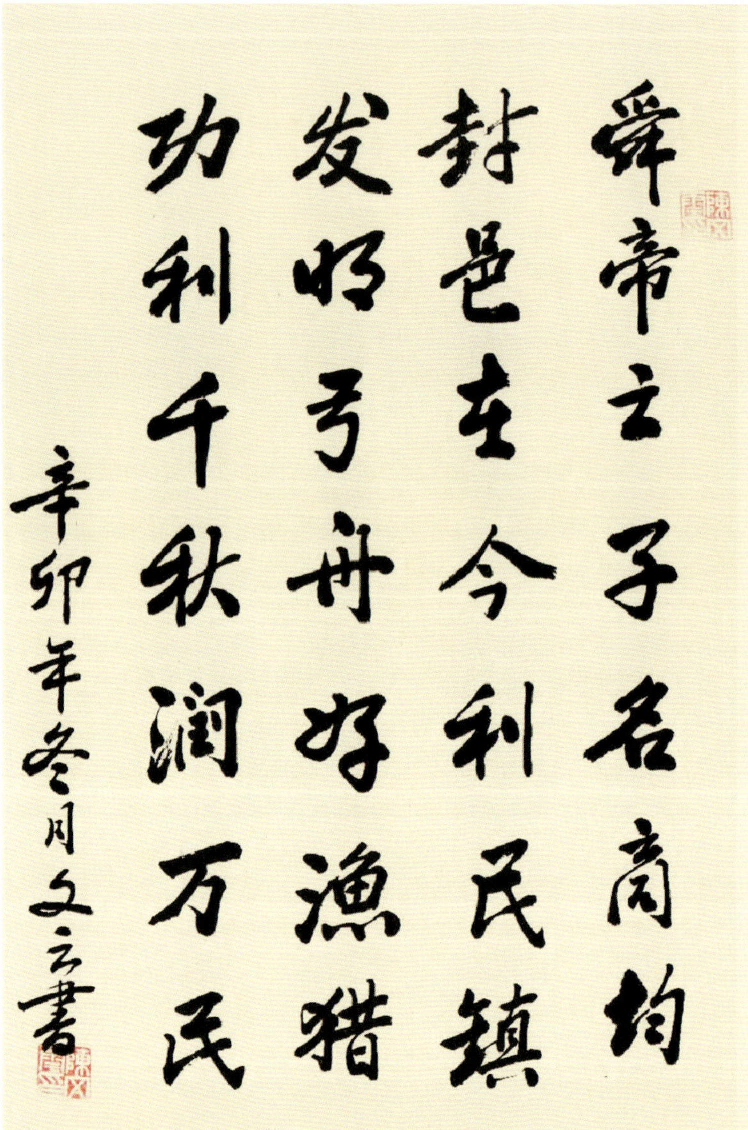

河南陈氏文化研究会首席会长陈文云自书诗作品

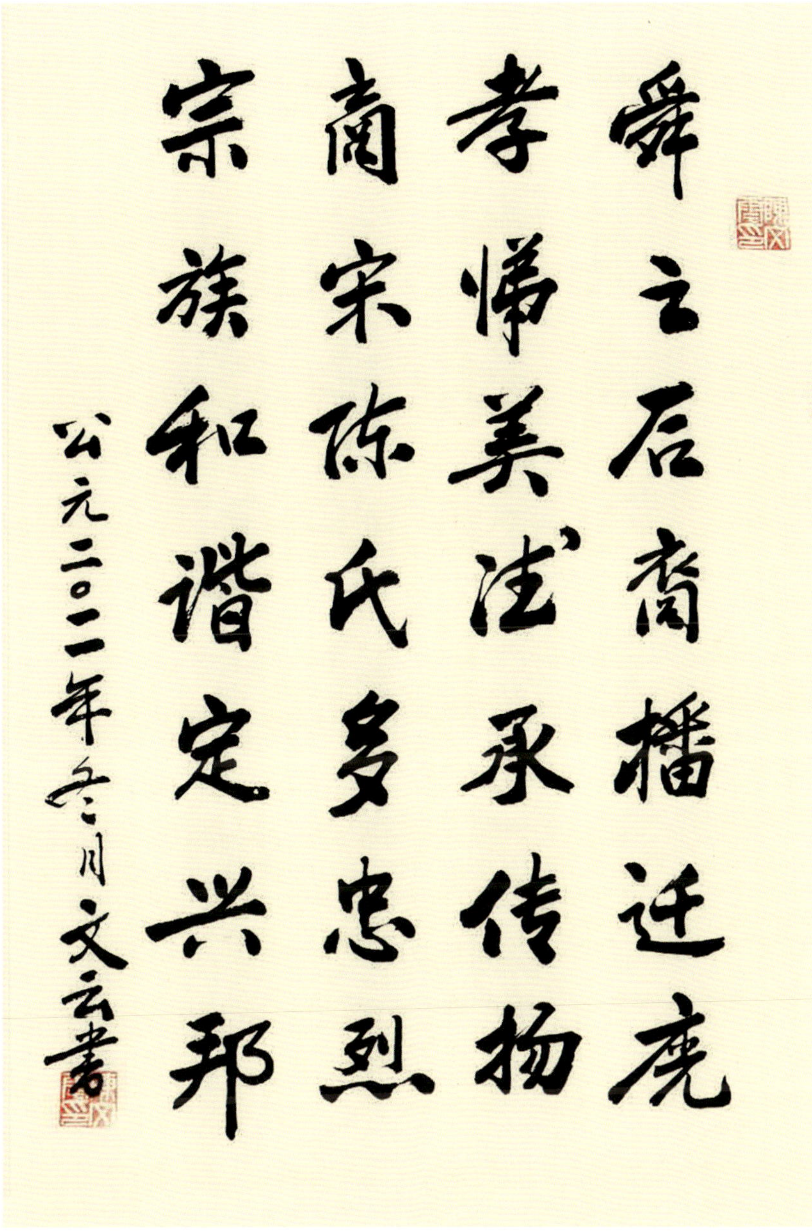

河南陈氏文化研究会首席会长陈文云自书诗作品

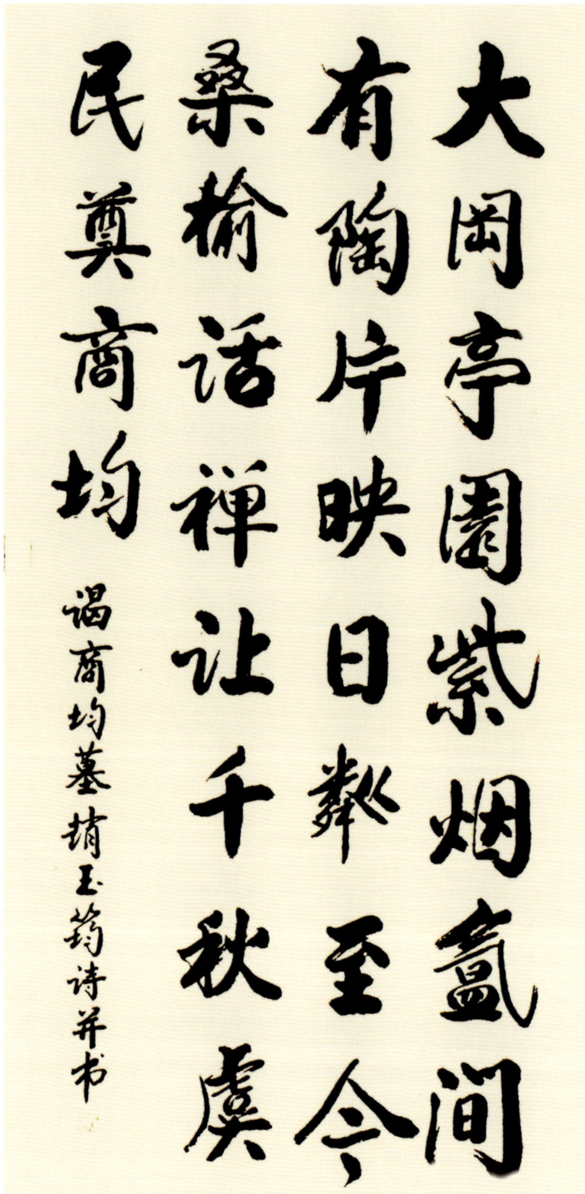

赵玉筠自书诗作品

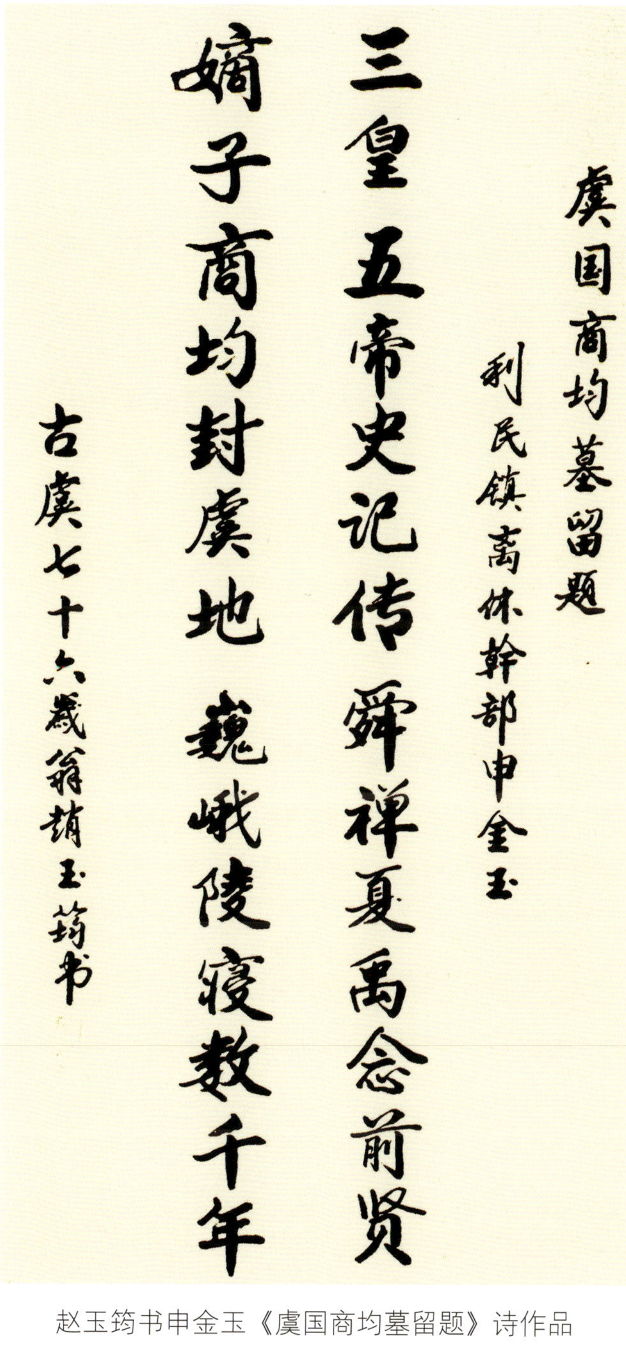

赵玉筠书申金玉《虞国商均墓留题》诗作品

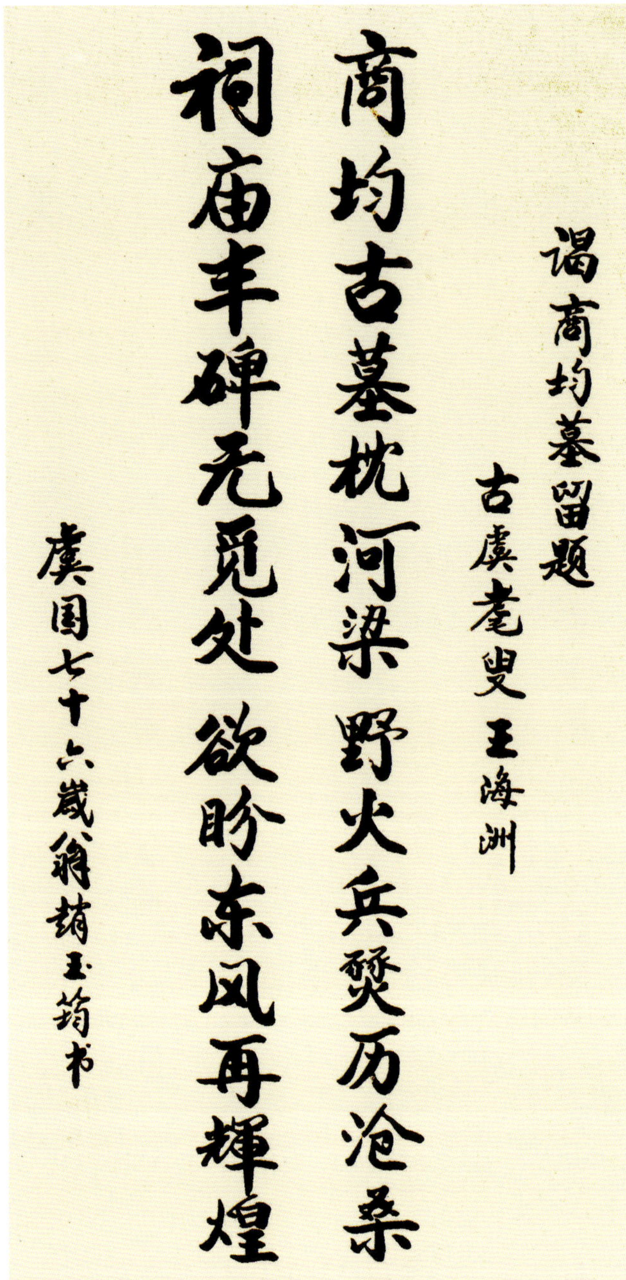

赵玉筠书王海洲《谒商均墓留题》诗作品

四
山西编

山西运城盐湖区有舜帝陵，即《孟子》中所说“舜葬于鸣条”。各社会团体及民众也多次在此地举行祭舜活动，如2005年先秦史学会就在此举行了大型祭舜典礼；2010年10月以“德政千秋、孝行天下”为主题的中国运城舜帝德孝文化节暨庚申年公祭舜帝大典也是在舜帝陵举行的。2015年10月世界姚氏宗族在舜帝陵举行了祭舜大典。

除舜帝陵祭祀活动外，山西洪洞“接姑姑迎娘娘”民俗活动在每年农历三月初二举行，主要是祭祀舜帝二妃娥皇和女英，这一活动跨越山西省临汾市洪洞县、尧都区两县（区）内之甘亭、吴村、辛村、龙马、万安5个乡镇，涉及20余个村庄，穿越汾河东西两岸，影响范围广。活动持续时间长，每年农历三月初二，羊獬人去历山“接姑姑”，三月初三抬至万安镇歇息一宿，三月初四回到羊獬。到了四月二十七，历山人再来羊獬，四月二十八将“娘娘”接回历山。四月二十八当日，万安人也赶往羊獬，四月二十九返回万安。目前，“接姑姑迎娘娘”走亲民俗活动已被列入国家级第二批非物质文化遗产名录。

山西也多次举办舜文化研讨会，其中2005年运城盐湖区举办的全国虞舜文化学术研讨会暨中国先秦史学会第八届年会影响最大。山西学者在舜文化研究上取得了不少成果，垣曲吕步震主编的“虞舜文化丛书”堪为山西学者研究舜文化的代表之作。

在文艺创作和文化宣传上，山西注重把舜帝孝德文化和当代精神文明建设相结合。运城市盐湖区从2010年开始，连续6年举办中国运城舜帝德孝文化节。把德孝文化建设同党的建设、公民道德建设、社区建设紧密结合起来，真正把舜文化带到了广大老百姓生活中。

（一）祭祀典礼

临汾洪洞“接姑姑迎娘娘”活动

临汾 · 洪洞万安镇历山“接姑姑迎娘娘”迎请队伍抵达舜庙

临汾 · 洪洞万安镇历山“接姑姑迎娘娘”活动等候人群

临汾 · 洪洞万安镇历山舜庙转移娘娘

临汾·洪洞万安镇历山舜庙迎请队伍从历山启程

临汾·洪洞万安镇历山舜庙转移娘娘

临汾・洪洞万安镇历山舜庙迎请队伍启程马子上马

临汾・洪洞万安镇历山舜庙舜与二妃驾楼

临汾 · 洪洞万安镇历山舜庙舜王驾楼

临汾·洪洞万安镇历山舜庙舜王驾楼内设神像照片

临汾·洪洞甘亭镇羊獬村姑姑驾楼从羊獬启程

临汾 · 洪洞甘亭镇羊獬村信众接二姑姑

临汾 · 舜和二妃驾楼自历山抵达羊獬

临汾·洪洞甘亭镇羊獬村二女向尧王拜寿

临汾·洪洞甘亭镇羊獬村二女向尧王拜寿

临汾·洪洞甘亭镇羊獬村唐尧故园娥英双凤殿内祭祀活动

临汾·洪洞甘亭镇羊獬村娘娘驾楼

临汾 · 洪洞甘亭镇羊獬村威风锣鼓

临汾 · 洪洞甘亭镇羊獬总社

临汾·洪洞万安镇万安村娘娘庙楼轿

临汾·洪洞万安镇万安村娘娘驾楼正面

临汾 · 洪洞万安镇万安村娘娘驾楼内二妃神像

临汾·洪洞万安镇西乔庄村迎请队伍

临汾·洪洞万安镇西乔庄村驾楼

临汾 · 洪洞万安镇西乔庄村驾楼内神像

（二）学术活动

2005 年运城盐湖区全国虞舜文化学术研讨会

2005 年运城盐湖区全国虞舜文化学术研讨会暨中国先秦史学会第八届年会

山西当代学者研究成果

《大舜故事》书影

《德孝脉源》书影

《舜乡舜庙》书影

《中华孝道》书影

《德自舜明》书影

《德孝传世》书影

五 浙江编

浙江人文底蕴深厚，与舜帝相关庙宇较多，特别是在绍兴上虞和越城，舜庙具有一定规模，在这些地区也经常举行一些祭舜活动。规模和影响较大的活动有 2012 年、2014 年绍兴上虞举行的大舜庙祭舜活动，2012 年越城王坛镇舜王庙举行的祭舜大典，这些祭祀典礼，吸引了社会各界人士参加，弘扬了舜文化和舜帝精神。

在上虞，不仅成立了“舜文化研究会”，还在东关、上浦镇等地成立了研究分会。绍兴上虞舜文化研究会及分会多次组织研讨会研讨舜文化，取得了一系列成果。他们不仅有自己的会标、会刊，还出版了一系列与舜文化相关的著作，其中影响最大的是《虞舜文化丛书》。

文艺方面，绍兴上虞创作较丰富，有连环画、铜雕、油画等，基本上是以舜帝孝德文化为主题进行创作的。宣传方面，上虞、越城、余姚等地都有宣传，且宣传较为广泛，通过邮票、路标、旅游节等对舜文化进行广泛宣传，且把舜文化带向了村落和学校。这些宣传，拉近了舜文化与老百姓的距离，舜文化真正走进了人们的生活中。

（一）祭祀典礼

2012 年绍兴上虞大舜庙祭舜活动

绍兴 · 上虞中华孝德园大舜庙 2012 年上虞市社会各界祭祀大舜活动

2012 年越城王坛镇舜王庙祭舜大典

绍兴 · 2012 年越城王坛镇舜王庙举行祭舜大典

绍兴 · 信众在越城王坛镇舜王庙举行祭祀活动

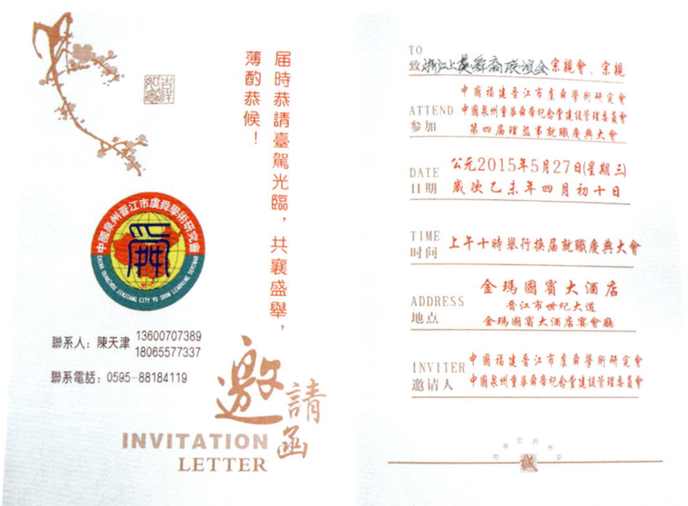

届時恭請臺駕光臨，共襄盛舉，
薄酌恭候！

中國泉州晉江市虞舜學術研究會
CHINA QUANZHOU JINJIANG CITY YU SHUN LEARNING SEMINAR

聯系人：陳天津 13600707389 18065577337
聯系電話：0595-88184119

邀請函
INVITATION LETTER

TO
致浙江上虞舜裔联谊会宗親會、宗親

ATTEND
參加
中國福建晉江市虞舜學術研究會
中國泉州重華舜帝紀念堂建設管理委員會
第四屆理監事就職慶典大會

DATE
日期
公元2015年5月27日(星期三)
歲次乙未年四月初十日

TIME
时间
上午十時舉行換屆就職慶典大會

ADDRESS
地点
金瑪國賓大酒店
晉江市世紀大道
金瑪國賓大酒店宴會廳

INVITER
邀请人
中國福建晉江市虞舜學術研究會
中國泉州重華舜帝紀念堂建設管理委員會

绍兴 · 上虞舜裔联谊会邀请函

2014 年绍兴上虞大舜庙祭舜活动

绍兴 · 2014 年上虞社会各界祭祀舜帝活动现场

（二）学术活动

2013年绍兴上虞第二届虞舜文化研讨会

绍兴·上虞第二届虞舜文化学术研讨会参会者合影

研究机构和成果

绍兴・上虞市虞舜文化研究会会标

绍兴・上虞虞舜文化研究会会刊

绍兴 · 绍兴市虞舜文化研究会会徽

绍兴 · 绍兴市虞舜文化研究会会刊

《虞舜文化丛书》书影

（三）文艺创作

虞舜故事铜雕

绍兴·上虞《舜帝举贤》铜雕

绍兴 · 上虞《舜帝巡守》铜雕

绍兴·上虞《舜帝驱恶》铜雕

绍兴 · 上虞《舜帝访故》铜雕

绍兴·上虞藏《舜王操琴》铜雕（山西运城赠）

绍兴 · 上虞《虞舜孝感动天》铜雕

油画《舜井》

绍兴·上虞《舜井》油画

书影邮票

张婧改编《大舜传奇》书影

宁波·中国邮政发行的《中华孝道（一）》特种邮票之（4-1）T《孝感动天》

六 两广编

广东曲江有舜祠。广西桂林有虞帝庙，灵川也建有舜祠。多有民众自发前来祭祀。两个地区虞舜文化研究的相关活动虽不经常举行，但广东《韶音》杂志，对舜文化在广东的发展起到了一定的宣传作用。

（一）学术活动

2015 年贺州学者研讨舜文化

贺州 · 2015 年 4 月湖南省舜文化研究基地成员与贺州学院舜文化研究专家座谈交流

2015 年梧州学者研讨舜文化

梧州 · 2015 年 4 月湖南省舜文化研究基地成员与梧州学院舜文化研究专家座谈交流

梧州 · 2015 年 4 月湖南省舜文化研究基地成员与梧州学院领导及舜文化研究专家合影留念

梧州 · 2015 年 4 月湖南省舜文化研究基地首席专家陈仲庚教授向梧州学院赠送《虞舜大典》

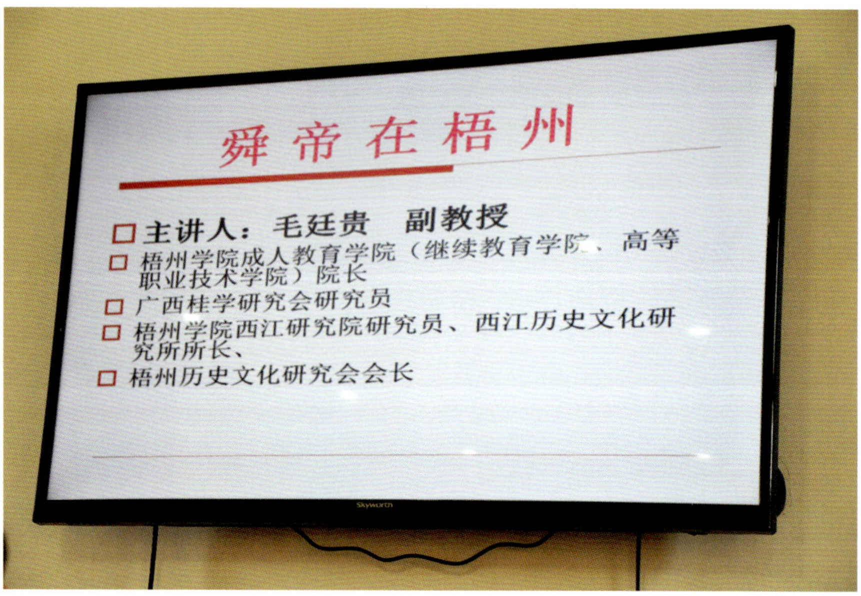

梧州 · 2015 年梧州学院成人教育学院院长毛廷贵《舜帝在梧州》讲座

（二）文艺创作

广东韶关《韶音》杂志

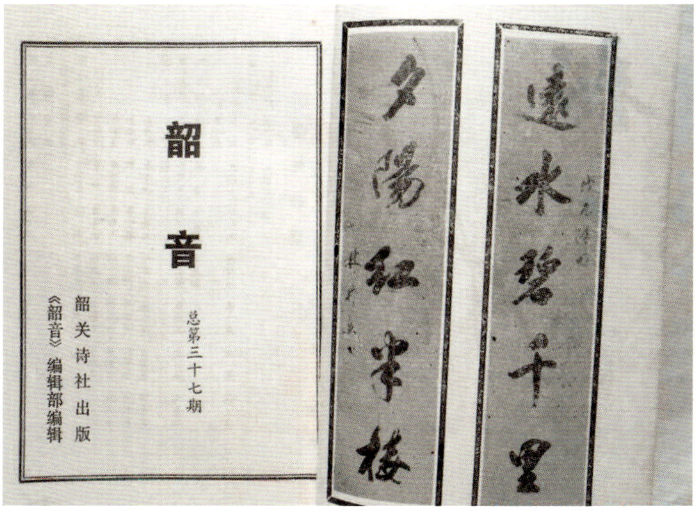

韶关 ·《韶音》杂志（1）

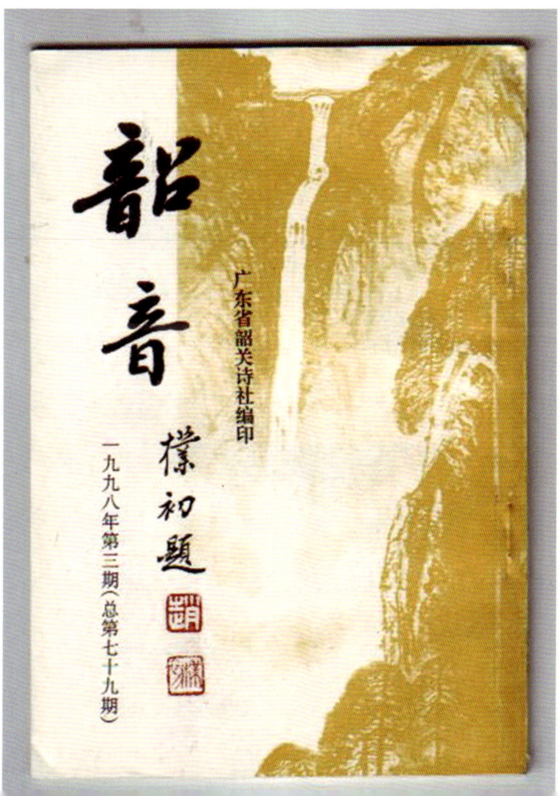

韶关 ·《韶音》杂志（2）

七、世界舜裔宗亲联谊会

世界舜裔宗亲联谊会是陈、胡、袁、姚、虞、田、王、孙、陆、车十姓联宗的国际性宗亲联谊组织，旨在联络宗亲感情，加强联系，促进世界大同，发扬异姓同宗舜裔宗亲联谊精神。决定每年或最多两年轮流在各地举办联谊大会；不设固定会所，在每届联谊会所在地设秘书处为联络中心，负责处理会务。多年来，世界舜裔宗亲联谊会举办了多次祭舜活动。

世界舜裔宗亲联谊会第 12 届国际大会

香港·第 12 届国际大会 (1)

香港·第 12 届国际大会 (2)

世界舜裔宗亲联谊会第 13 届国际大会

河南长葛 · 第 13 届国际大会 (1)

河南长葛 · 第 13 届国际大会 (2)

世界舜裔宗亲联谊会第 14 届国际大会

福建晋江 · 第 14 届国际大会

世界舜裔宗亲联谊会第 15 届国际大会

马来西亚 · 第 15 届国际大会

世界舜裔宗亲联谊会第 16 届国际大会

新加坡 · 第 16 届国际大会 (1)

新加坡 · 第 16 届国际大会 (2)

世界舜裔宗亲联谊会第 18 届国际大会

菲律宾 · 第 18 届国际大会 (1)

菲律宾 · 第 18 届国际大会 (2)

世界舜裔宗亲联谊会第 19 届国际大会

河南濮阳・第 19 届国际大会 (1)

河南濮阳・第 19 届国际大会 (2)

世界舜裔宗亲联谊会第 20 届国际大会

山西运城 · 第 20 届国际大会 (1)

山西运城 · 第 20 届国际大会 (2)

世界舜裔宗亲联谊会第 21 届国际大会

马来西亚 · 第 21 届国际大会 (1)

马来西亚 · 第 21 届国际大会 (2)

马来西亚 · 第 21 届国际大会 (3)

世界舜裔宗亲联谊会第 22 届国际大会

湖南永州·第 22 届世界舜裔宗亲联谊会主席陈锦龙恭读祭文

湖南永州·第 22 届世界舜裔宗亲联谊会揭碑仪式

湖南永州 · 第 22 届世界舜裔宗亲联谊会主席台合影

湖南永州 · 第 22 届世界舜裔宗亲联谊会暨永州市社会各界合影

湖南永州·第22届世界舜裔宗亲联谊会踩街活动

湖南永州·第22届世界舜裔宗亲联谊会文艺晚会

世界舜裔宗亲联谊会第 23 届国际大会

印度尼西亚・第 23 届国际大会 (1)

印度尼西亚・第 23 届国际大会 (2)

印度尼西亚・第 23 届国际大会 (3)

世界舜裔宗亲联谊会第 24 届国际大会

泰国 · 第 24 届国际大会 (1)

泰国 · 第 24 届国际大会 (2)

泰国 · 第 24 届国际大会 (3)

世界舜裔宗亲联谊会第 25 届国际大会

菲律宾 · 第 25 届国际大会 (1)

菲律宾 · 第 25 届国际大会 (2)

菲律宾 · 第 25 届国际大会 (3)

菲律宾·第 25 届国际大会 (4)

菲律宾 · 第 25 届国际大会 (5)

自然风光

舜文化得以流传并发扬光大，除了与舜文化自身的魅力相关外，还得益于“江山之助”。以山水为依托的文化往往成为文人歌咏的对象，而文人的歌咏特别是文化名人的歌咏又使得舜文化广为流传。这样，人文意蕴使得自然风光更有内涵，自然风光使得人文意蕴转化为可视可感的形象。舜文化就是如此。在舜文化分布相对集中的区域，自然风光也极其优美。如湖南之九疑山、舜皇山、崀山、韶山、君山，山东之历山（济南），山西垣曲之诸冯山、舜王坪，广东之丹霞山，广西梧州之白云山等，景色宜人，引来了众多中外游客，人们一边欣赏自然山水，一边聆听舜帝故事，在身、心两方面都得到了美的熏陶。

在舜文化相对集中区域，有些雄伟、秀丽的自然风光，或许与舜文化并无多少关系，然而，人们也往往会根据自己的想象或者推理，将其与舜文化联系起来，以增加自然风光的内涵，如泰山之象鼻峰、桂林之象山、崀山之象鼻峰等。这样虽有附会之意，但也可见舜文化传播的广泛以及人们对舜文化的认同。

一 湖南编

与舜文化相关的自然风光与舜帝南巡路线基本一致，主要分布在洞庭湖、湘江、潇水一线，其中以九疑山、舜皇山、崀山、韶山、衡山、君山风景最为奇特。

九疑山位于永州市宁远县境内，这里峰峦叠嶂，深邃幽奇，《水经注》云："苍梧之野，峰秀数郡之间，罗岩九峰，各导一溪，岫壑负阻，异岭同势。游者疑焉，故曰九疑山。"境内有舜源、娥皇、女英、杞林、石城、石楼、朱明、箫韶、桂林九座峰峦，又有紫霞岩、玉琯岩、凤凰岩、读书岩、象岩、桃花岩等多个岩洞。九疑云雾、霞光变化万千，置身九疑，如同身处仙境间；九疑之峰之石之林之水各具特色，山在水中生，水在山中流，树木茂盛，林海莽然。

舜皇山位于永州市东安县，这里层峦叠翠，谷幽峰险，瀑布纵横，溶岩壮丽，山、水、石、林巧合成景，岩、泉、树、藤自然成趣，令游人叹为观止，被誉为"天然佳境""人间仙境"。

湖南境内另有崀山、韶山和君山，也和舜帝有一定关系，相传舜帝南巡至新宁境内，感叹曰："山之良者也。"八角寨、骆驼峰、辣椒峰、一线天是其著名景点。2016 年 5 月，崀山成为首个"世界外交官旅游休闲基地"。韶山，相传舜帝南巡至此奏韶乐，故得名。君山相传为舜帝二妃湘君、湘夫人所居，故曰君山。君山地处浩淼洞庭湖中，风光秀丽，景色宜人。

（一）九疑山

九疑云雾

永州 · 宁远九疑山风景区之九疑烟云若轻纱

永州 · 宁远九疑山风景区之青峰驾雾行

永州 · 宁远九疑山风景区之风云千年文星塔

永州·宁远九疑山风景区之千峰写意胜水墨

永州 · 宁远九疑山风景区之万山朝九疑

永州·宁远九疑山风景区之羊蹄岭群山

永州·宁远九疑山风景区之云聚半边峰

九疑霞光

永州 · 宁远九疑山风景区之日出青山霞光红

永州 · 宁远九疑山风景区之云蒸霞蔚在九疑

九疑人家

永州·宁远九疑山风景区之田园春光

永州・宁远九疑山风景区之泠江新晨

永州・宁远九疑山风景区之下灌新貌

永州·宁远九疑山风景区之春满九疑

九疑之峰

永州 · 九疑山九峰竞秀之娥皇峰

永州 · 九疑山九峰竞秀之女英峰

永州 · 九疑山九峰竞秀之桂林峰

永州·九疑山九峰竞秀之杞林峰

永州·九疑山九峰竞秀之石城峰

永州·九疑山九峰竞秀之石楼峰

永州·九疑山九峰竞秀之舜源峰

永州·九疑山九峰竞秀之箫韶峰

永州 · 九疑山九峰竞秀之朱明峰

永州·宁远九疑山风景区之香炉峰

永州 · 宁远九疑山风景区之五臣山

九疑之岩

永州・宁远九疑山风景区读书岩外景

永州 · 宁远九疑山风景区紫霞岩外景

永州·宁远九疑山风景区紫霞岩之孔子祭舜

九疑之石

永州 · 九疑山云动峰峙

永州・九疑山山花烂漫三分石

永州 · 九疑山云雾缭绕三分石

永州・宁远九疑山风景区之九疑旋转石

永州 · 宁远九疑山风景区之将军石

九疑之林

永州 · 宁远九疑山国家森林公园入口

永州 · 九疑山森林 (1)

永州・九疑山森林（2）

永州 · 宁远九疑山风景区之九疑杜鹃红

永州・宁远九疑山风景区之下灌梨花春又白

永州 · 宁远九疑山风景区之下灌花海

永州 · 九疑山斑竹

永州・九疑山斑竹林

永州・宁远九疑山风景区舜峰猕猴

九疑之水

永州 · 宁远九疑山风景区灌溪晚霞

永州・宁远九疑山风景区之白米下锅瀑布

永州 · 宁远九疑山风景区之九疑奔流

（二）舜皇山

永州·东安县舜帝石

永州 · 东安县舜皇山雪景

永州 · 东安县舜皇岩溶洞

永州 · 东安县舜皇山舜峰绝顶

（三）君　山

岳阳 · 君山风景区之洞庭渔归

（四）崀　山

邵阳·新宁崀山风景区辣椒峰

邵阳 · 新宁崀山风景区鲤鱼闹海景观

邵阳・新宁崀山风景区蜡烛峰

邵阳·新宁崀山风景区象鼻峰

（五）韶　山

湘潭 · 韶山市韶山风景区韶峰峰顶

二 山东编

与舜文化相关的自然风光在山东分布较广，其中以千佛山风景区为最。千佛山风景区位于济南市南部偏东，是佛教历史名山、虞舜文化圣地。历山院、千佛崖、万佛洞、石图园是其著名景点。

山东泰山与舜文化也有一定关系。山上有象鼻峰、凤凰峰。泰山石刻源远流长，分布广泛，碑刻题名之多冠中国名山之首。另外山东潍坊诸城大小历山、菏泽鄄城等地的自然风光也有可观之处。

（一）潍坊诸城

潍坊 · 诸城诸冯村

潍坊·诸城潍河（舜出生地诸冯即在潍河西岸）

潍坊 · 诸城老历山

潍坊 · 诸城新历山

（二）菏泽鄄城

菏泽·鄄城古雷泽（舜捕鱼处）遗迹

永济是山西舜文化分布最为集中之处。中条山横贯其中，北魏郦道元在《水经注》中写道：“（中条山）奇峰霞举，孤峰标出，罩络群泉之表，翠柏荫峰，清泉灌顶。”黄河从其南部和西部穿过，山水相依，相得益彰。自然风光尤以诸冯山风景区、历山风景区最为奇特。

诸冯山风景区位于运城垣曲县境内，在诸冯山景区可以追寻到舜青少年时期的生活足迹，如姚墟、舜乡泉、握登坟、虞林苑、务成下痒教化、舜井、舜井祠、舜父陵等十几处景点。

垣曲历山景区位于山西省南端，运城地区东北部。相传舜王当年耕治此山时，曾编制了黄河流域用来指导农事活动的物候历《七十二候》，故后人称此山为历山。历山风景区又分两个景区，一是舜王坪景区，舜王坪因舜王在此耕种而得名，地处海拔2358米的中条山之巅。这里地势平坦，四周悬崖峭壁，传说舜曾耕于此地，被誉为云中花海。二是皇姑幔景区，相传为舜帝二妃娥皇和女英的生活之地，又因为这里时常云雾弥漫，像帐幔一样笼罩着山头，因此被称为皇姑幔。

除此之外，运城芮城见帝村、永济蒲州古城、永济舜帝山、临汾洪洞万安镇历山也多有可观之处。

（一）运城垣曲诸冯山

运城·垣曲诸冯山风景区风景

运城 · 垣曲诸冯山风景区沿途宣传旗帜

运城 · 垣曲诸冯山风景区寿丘

运城·垣曲诸冯山风景区从寿丘看负夏村

（二）运城垣曲历山舜王坪

运城 · 垣曲历山舜王坪风景区自然景观 (1)

运城·垣曲历山舜王坪风景区自然景观 (2)

（三）运城芮城见帝村

运城 · 芮城县见帝村

（四）临汾洪洞万安镇历山

临汾 · 洪洞万安镇历山

（五）运城永济蒲州

运城 · 永济蒲州

（六）运城永济舜帝山

运城・永济舜帝山森林公园景观 (1)

运城 · 永济舜帝山森林公园景观 (2)

四 河南编

河南省舜文化分布点主要集中在黄河两岸地区，自然风光极富变化。其中以登封和濮阳为最。

舜帝在嵩山地区留下了很多传说，受后母虐待而种麻籽、到登封负黍城经商、到嵩山访贤大禹，其事迹非常感人。嵩山之太室山岩嶂苍翠相间，峰壁环向攒耸，恍若芙蓉之姿。古人吕守曾有诗曰：“三十六峰如髻鬟，行人来往舒心颜。白云蓬蓬忽然合，都在虚无缥缈间。”嵩山之少室山陡峭峻拔，诸峰簇拥起伏，如旌旗环围，似剑戟罗列，颇为壮观。

濮阳市濮阳县传说是舜帝早年生活地，这里有历山、雷泽湖，黄河、金堤河流经该地，风光秀丽，景色宜人，与嵩山相比，别是一番风味。

（一）郑州登封嵩山

郑州 · 登封嵩山自然风光

（二）濮阳市濮阳县

濮阳市・濮阳县风光（1）

濮阳市 · 濮阳县风光（2）

五

浙江编

浙江山水自然风光秀丽，与舜文化相关的自然风景有小舜江风景区。小舜江为曹娥江下游最大支流，因其流域内有舜王庙，故称小舜江。小舜江风景区地跨柯桥区、嵊州市、上虞区。区内自然景色秀丽，不少景点与古代虞舜相关。另外，余姚舜江桥、上虞舜帝岭也吸引了不少游客。

（一）绍兴越城王坛镇小舜江

绍兴·越城王坛镇小舜江

六 两广编

两广地区舜文化分布点主要集中在韶关、梧州和桂林。韶关丹霞山是全国著名的旅游景点。丹霞山位于广东省韶关市仁化县境内，以丹霞地貌景观为主，是世界自然遗产地。在世界已发现的1200多处丹霞地貌中，丹霞山是发育最典型、类型最齐全、造型最丰富的丹霞地貌集中分布区。北宋法云居士感叹此山“色如渥丹，灿若明霞”，故后人称之为“丹霞山”。

梧州白云山地处广西梧州市区东北部，是中华文明发祥地之一，有神鹿台、光华亭、锦鸡岩等舜帝遗迹，是海内外中华子孙寻根问祖、怀古凭吊的圣地。清代诗人李世瑞云：“晓露乍薄初日上，晚烟如幂夕阳低。”梧州八景之“云岭晴岚”即在此地。

桂林象山公园之象鼻山地处市内桃花江与漓江汇流处。园内自然山水与人文景观相辉映，被人们称为桂林山水的象征。桂林市内另有虞山公园，虞山兀立，林木苍翠，环境幽谧，是桂林市著名的旅游景点。

（一）梧州白云山金鸡岩

梧州 · 白云山金鸡岩远景（唐大历四年建舜帝庙于此）

（二）桂林象山

桂林·象山公园象山

（三）韶关丹霞山

韶关·丹霞山自然风光

附录

虞舜时代人物及舜裔历代名人画像

虞舜画像

东汉武梁祠画像石上的帝喾、帝尧、帝舜、夏禹、夏桀画像

东汉武梁祠画像石上的尧舜禹画像

北魏屏风漆画虞舜故事

金代墓室壁画孝子故事之舜子

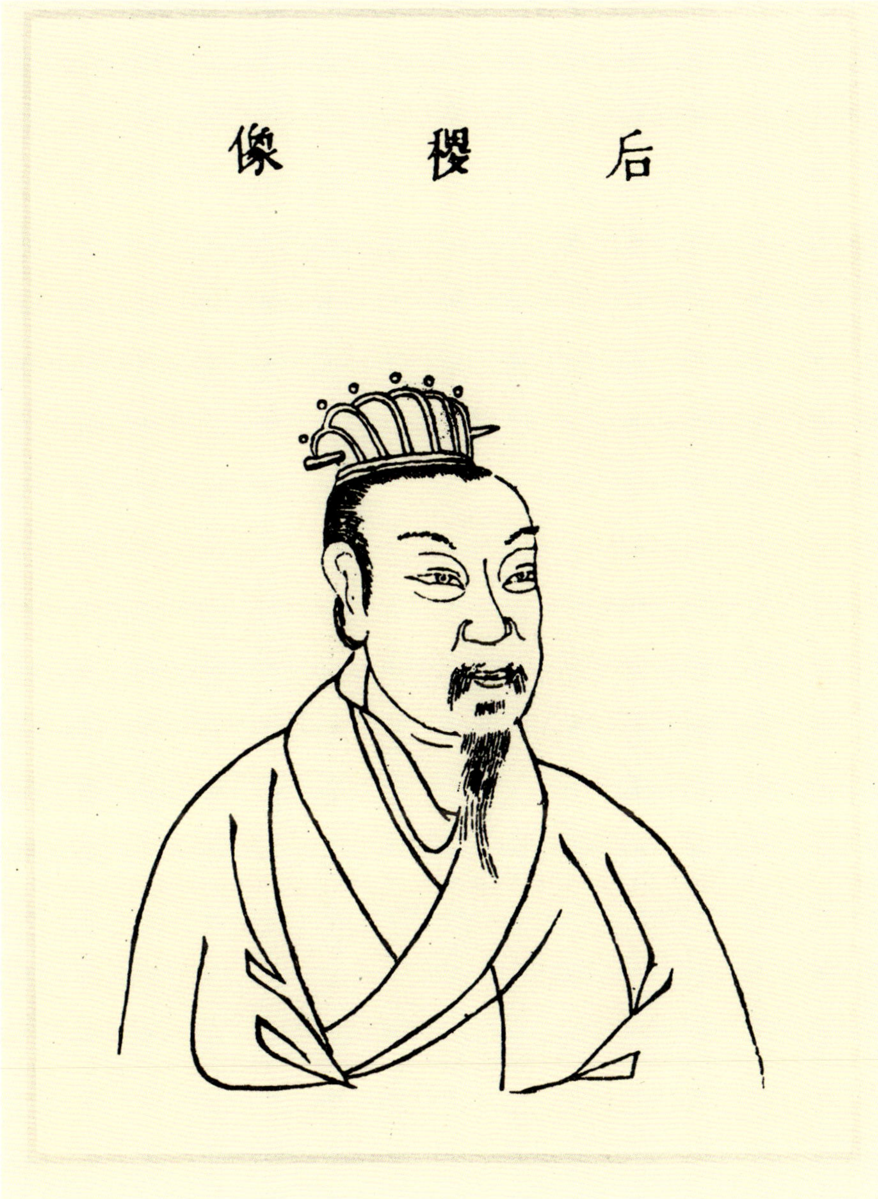

虞舜大臣后稷画像

虞舜大臣契画像

虞舜大臣皋陶画像

虞舜大臣大禹画像

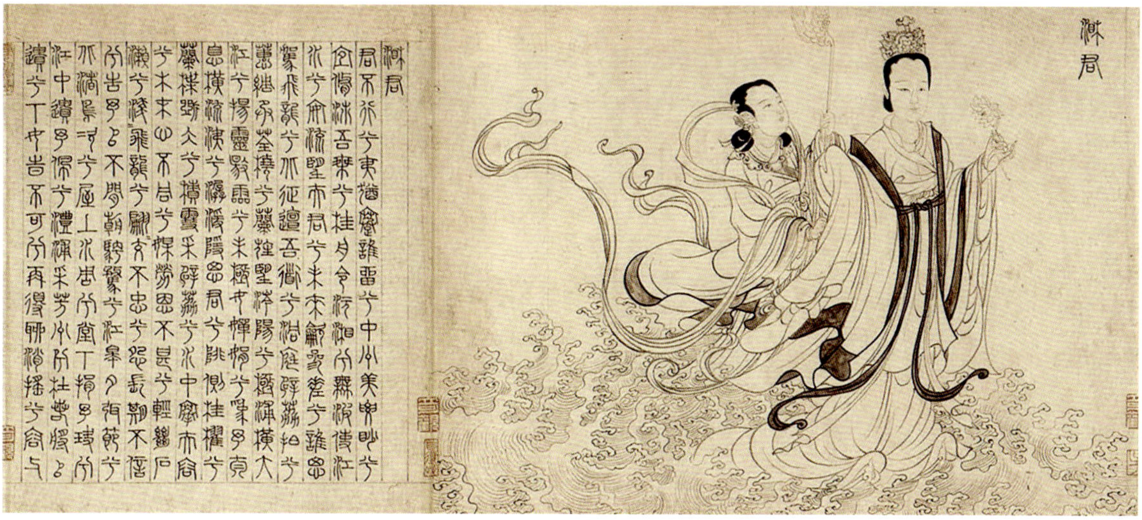

元张渥《九歌图·湘君》(吉林省博物院藏)

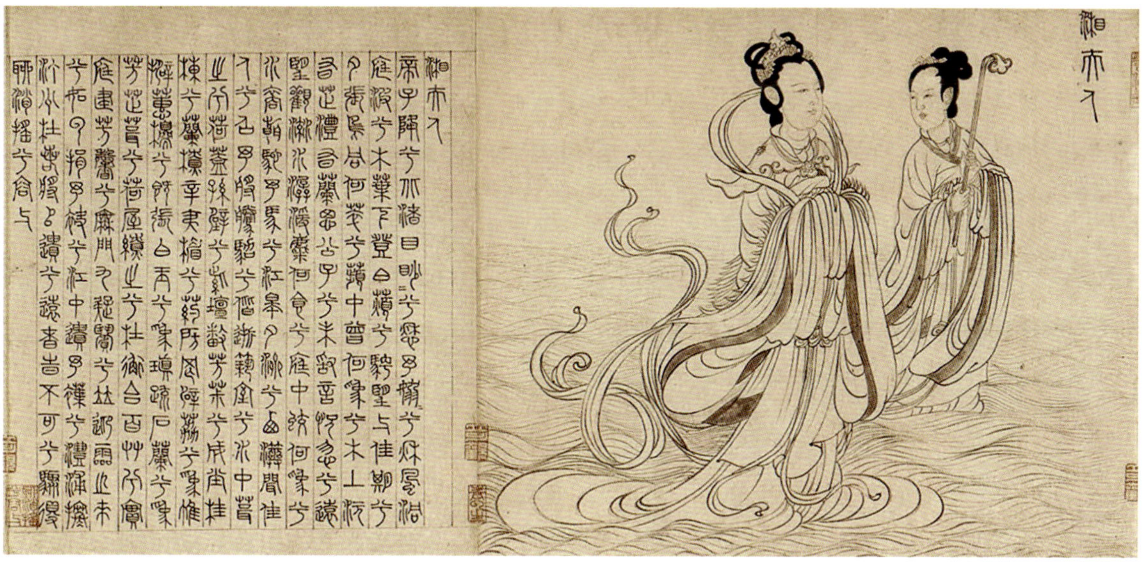

元张渥《九歌图·湘夫人》(吉林省博物院藏)

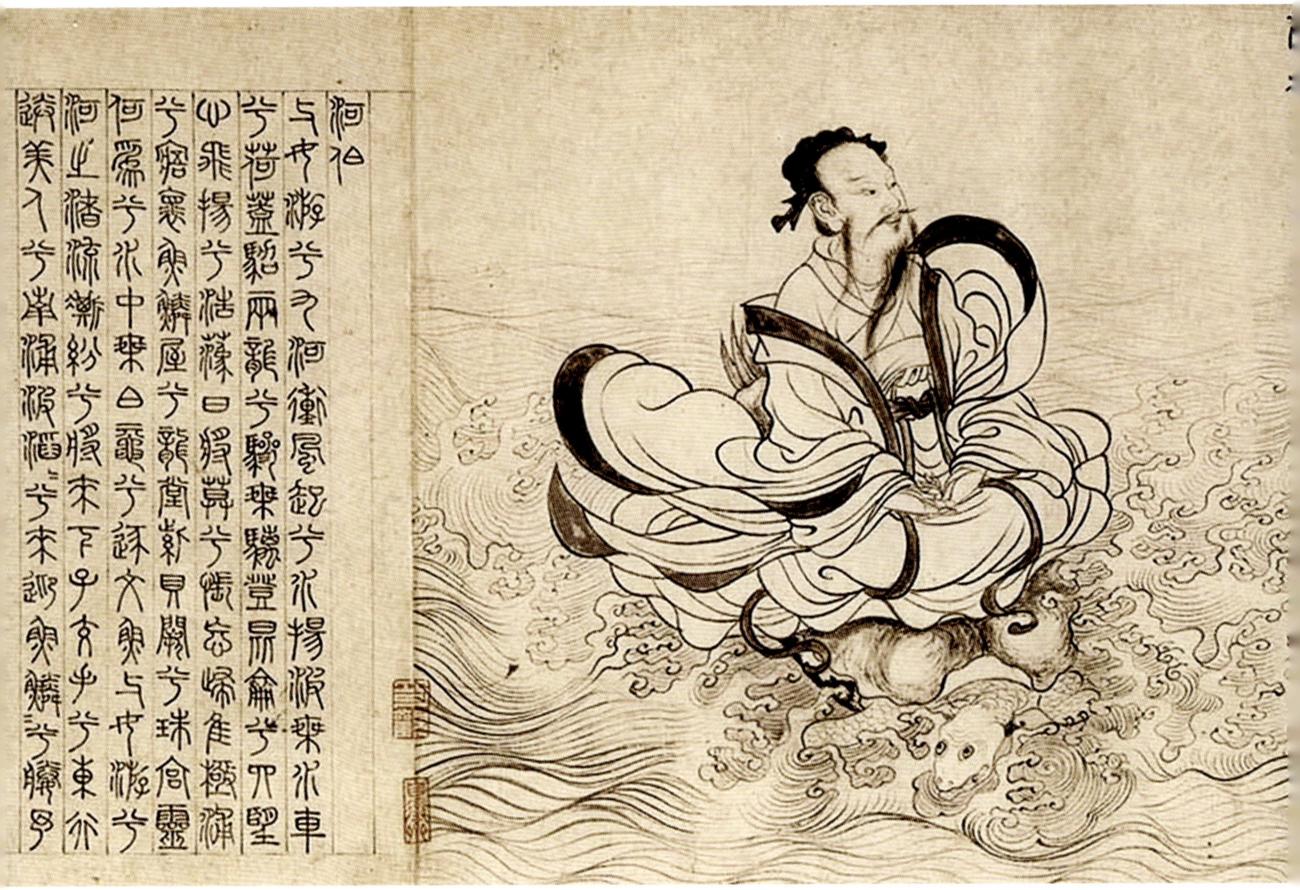

元张渥《九歌图 · 河伯》（吉林省博物院藏）

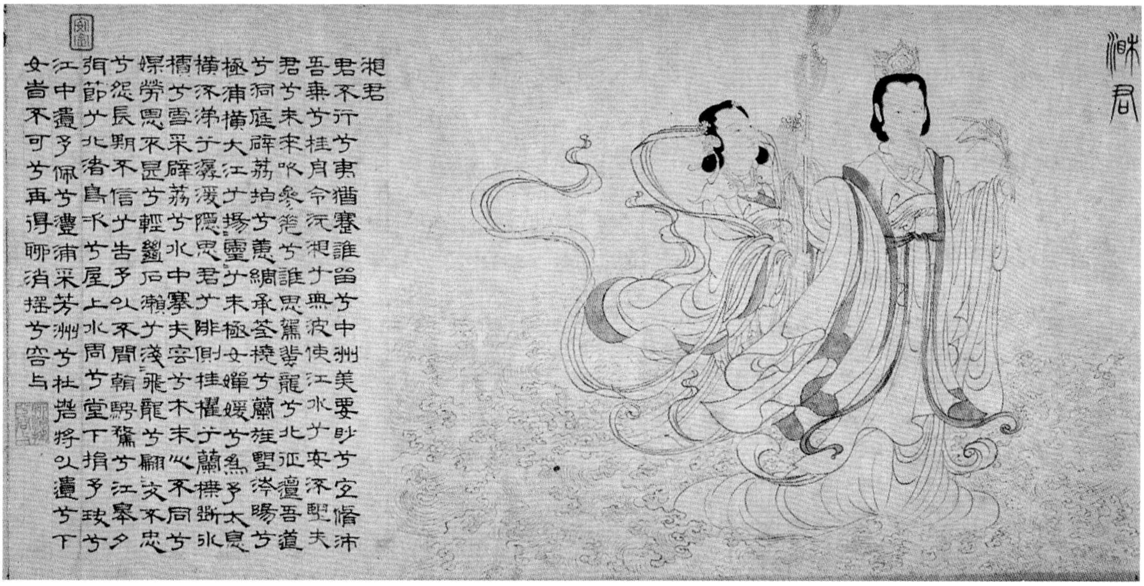

明杜堇作《九歌图·湘君》

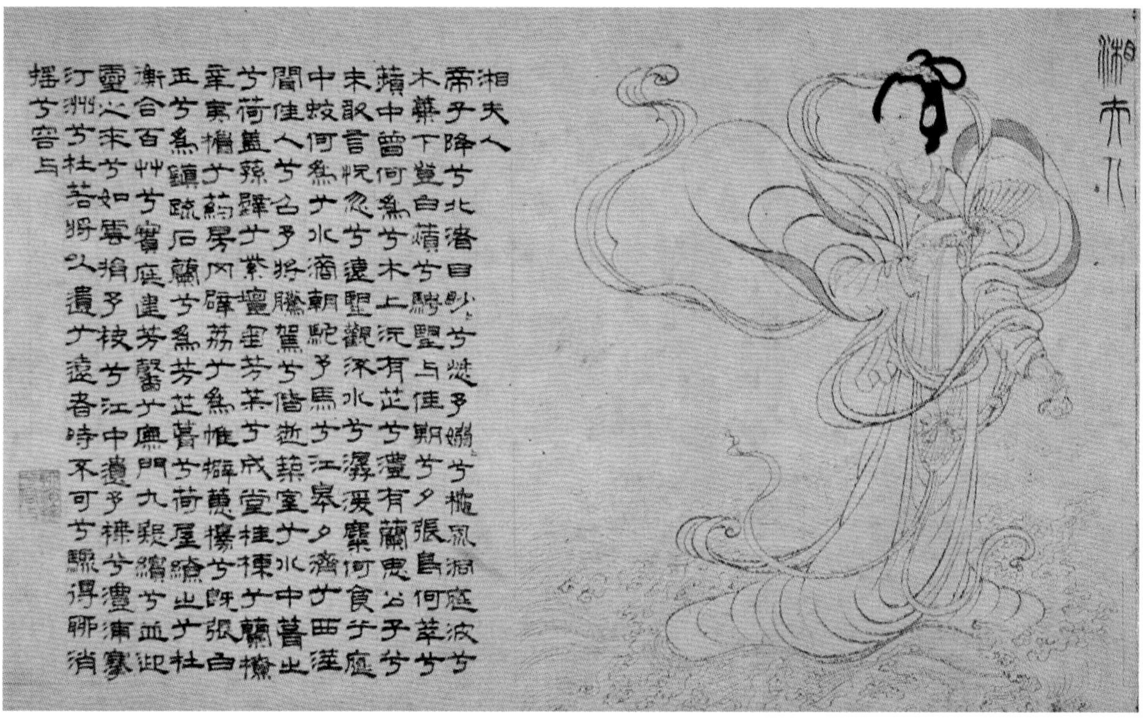

明杜堇作《九歌图·湘夫人》

明文徵明《湘君湘夫人图》
（故宫博物院藏）

明萧云从《离骚图·共工》

明萧云从《离骚图 · 鲧》

明萧云从《离骚图·应龙》

明陈洪绶《九歌图 · 湘君》

明陈洪绶《九歌图·湘夫人》

清任熊《湘夫人图》(上海博物馆藏)

清佚名《舜耕历山》

春秋时期楚国令尹孙叔敖画像

春秋时期孔子弟子陈亢（原名妫亢，宋真宗赠封南顿侯）画像

春秋时期吴国军师孙武画像

战国时期齐国军师孙膑画像

秦国大将军王翦画像

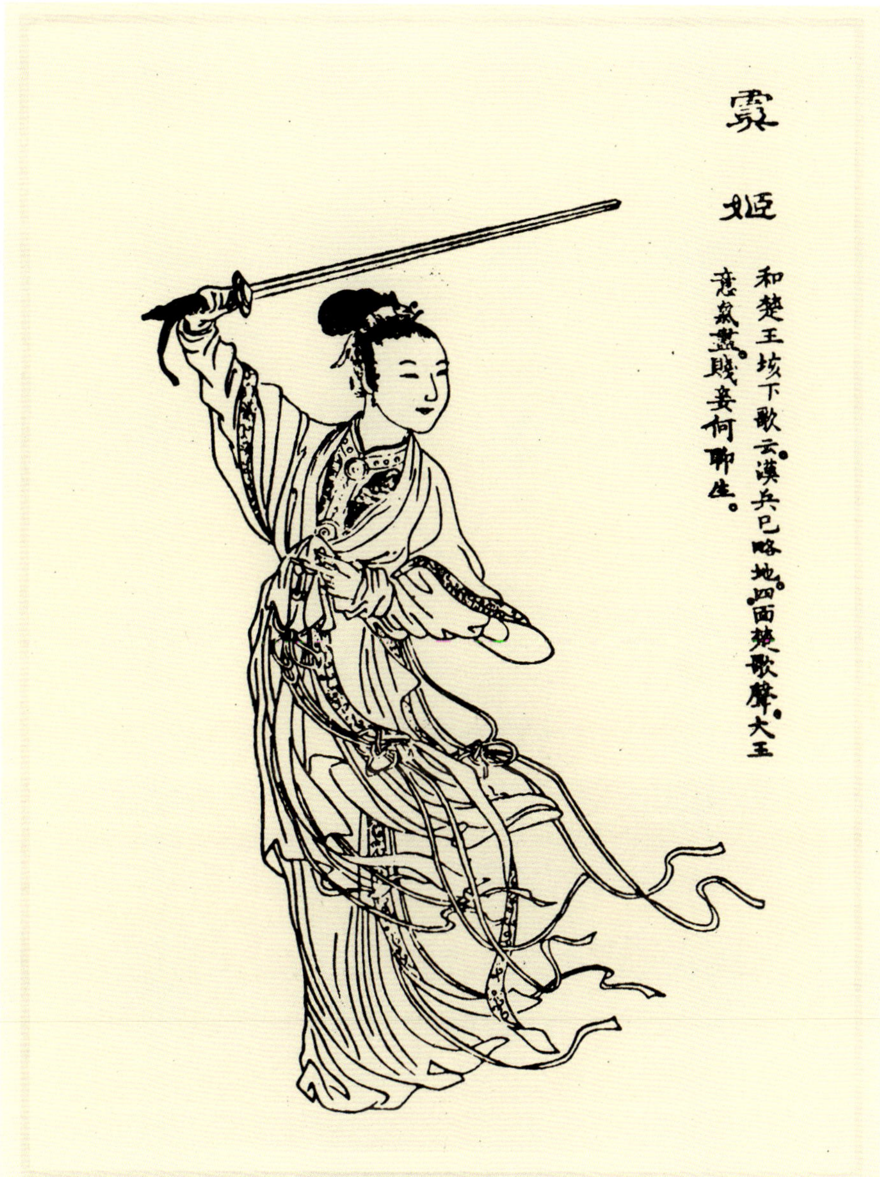

楚王项羽夫人虞姬画像

东汉大将军王霸画像

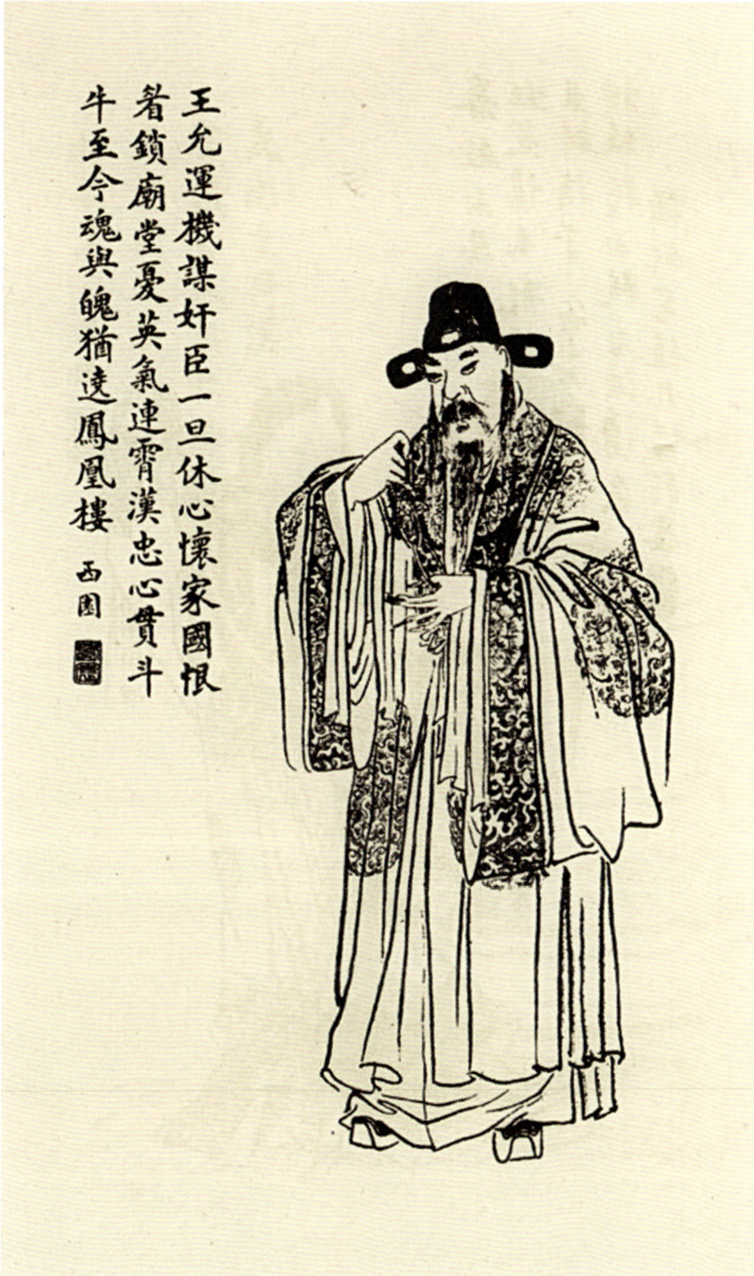

东汉献帝时期司徒兼尚书令王允画像

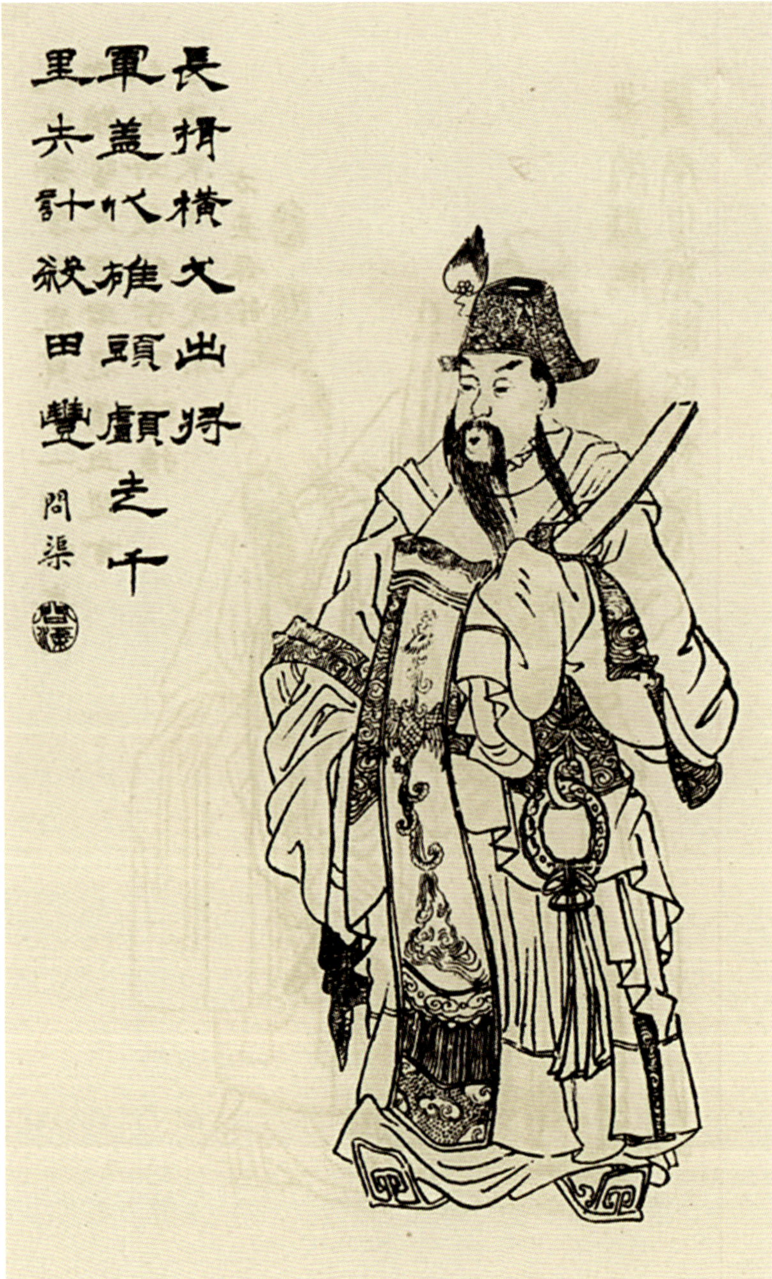

东汉末年大将军邺侯袁绍画像

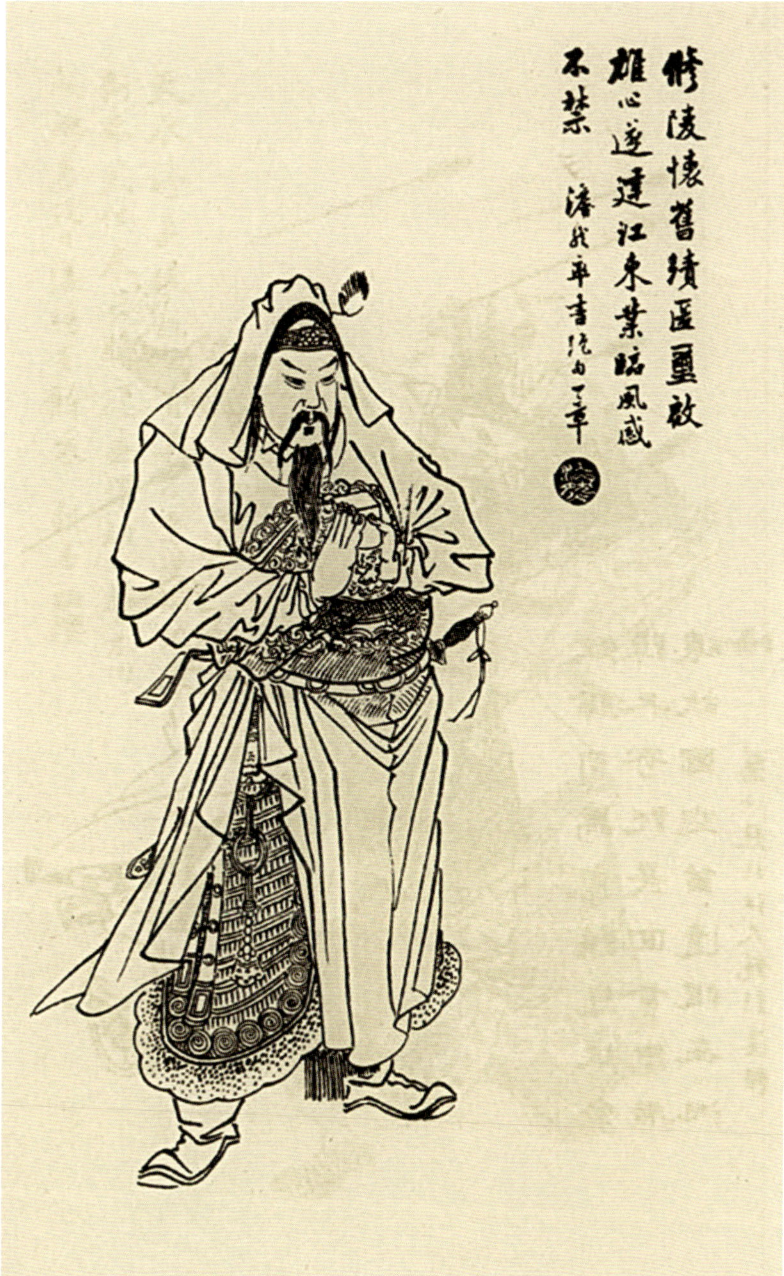

东汉末年破虏将军乌程侯孙坚画像

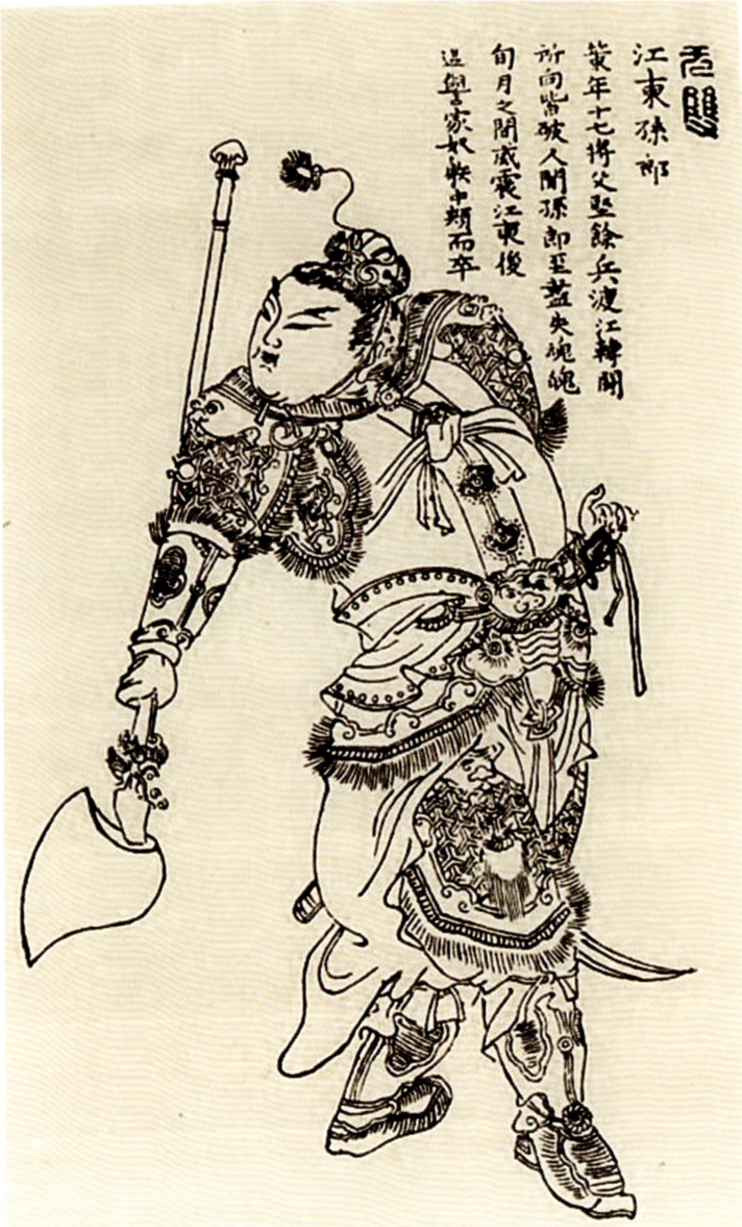

东汉末年讨逆将军吴侯孙策画像

唐阎立本《历代帝王图·孙权》(故宫博物院藏)

三国吴郁林太守、天文学家陆绩画像

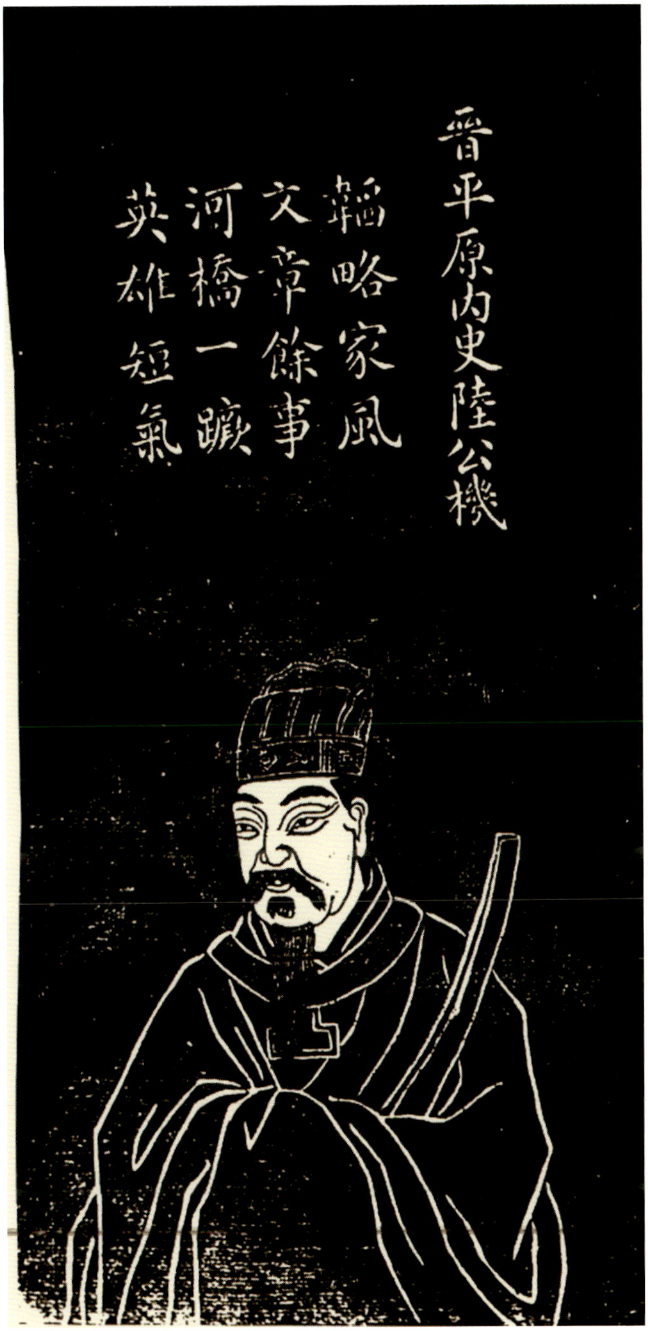

西晋河北大都督、著名文学家陆机石刻像

西晋清河内史、著名文学家陆云石刻像

三国魏中领军、著名经学家王肃画像

唐孙位《高逸图》(左一人物为王戎，西晋司徒，竹林七贤之一)

东晋丞相王导画像

东晋右将军王羲之（后世尊称为书圣）画像

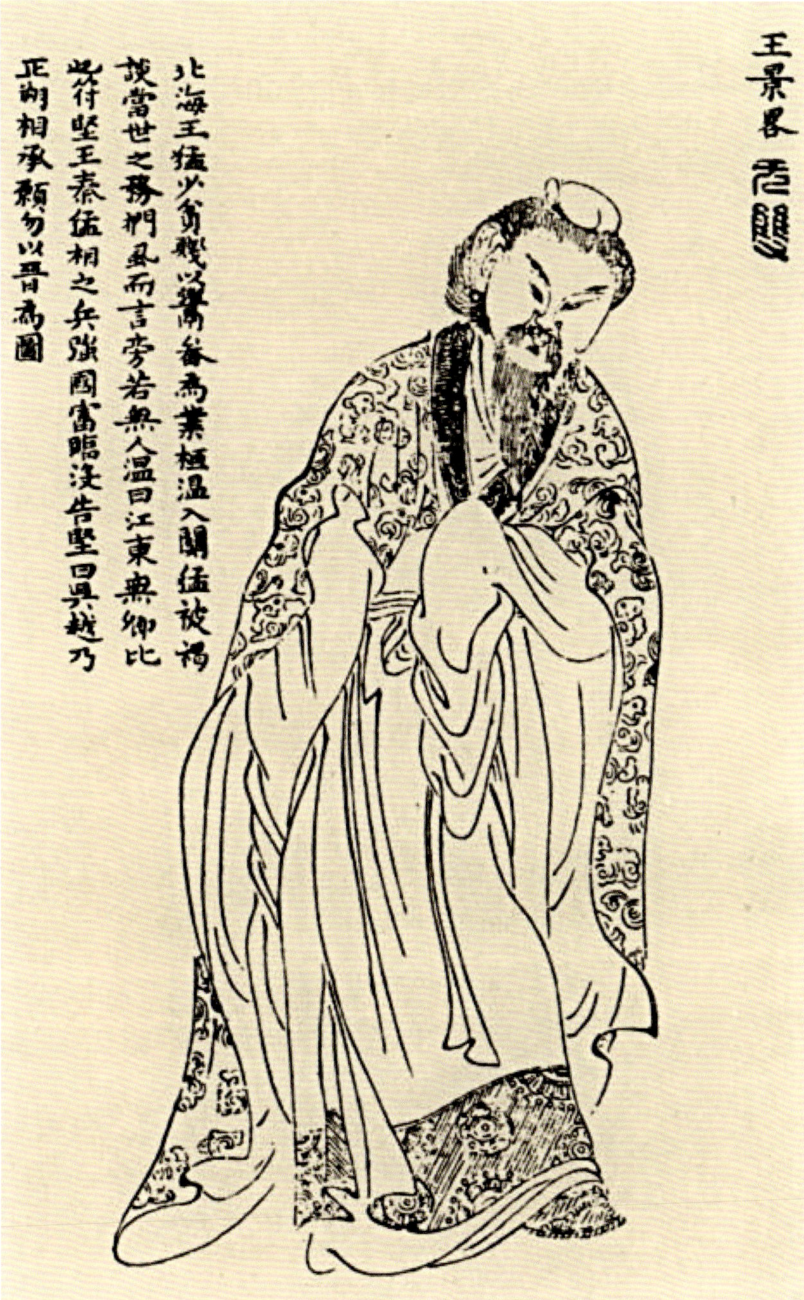
王景略
北海王猛少貧賤以鬻畚爲業桓温入關猛被褐
談當世之務捫虱而言旁若無人温曰江東無卿比
也苻堅王秦猛相之兵强國富臨沒告堅曰吳越乃
正朔相承願勿以晋爲圖

前秦丞相王猛画像

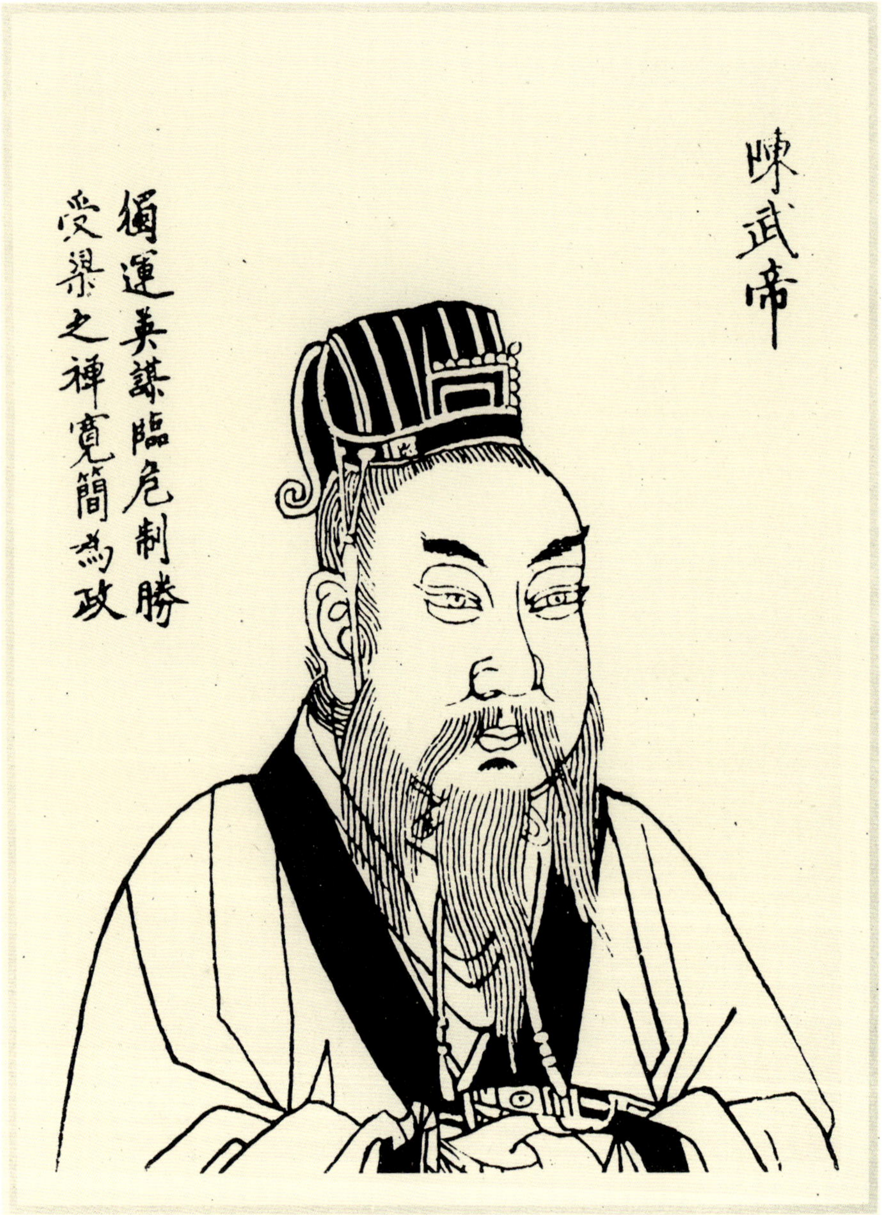

南朝陈开国皇帝陈霸先画像

唐阎立本《历代帝王图·陈蒨（南朝陈第二位皇帝）》

唐阎立本《历代帝王图 · 陈伯宗（南朝陈第三位皇帝）》

唐阎立本《历代帝王图 · 陈顼（南朝陈第四位皇帝)》

唐阎立本《历代帝王图 · 陈叔宝（南朝陈后主）》

唐代药王孙思邈画像

唐礼部尚书、著名书法家虞世南画像

唐宰相陆贽画像

唐宰相姚崇画像

五代十国前蜀开国皇帝王建石像

五代十国闽王王审知画像

北宋宰相王旦画像

北宋宰相陈尧叟画像

北宋宝文阁直学士、理学先驱胡瑗石刻像

北宋宰相、著名文学家王安石画像

南宋四名臣之一胡铨画像

南宋宝章阁待制、著名诗人陆游石刻像

南宋国子监正、心学创始人陆九渊画像

南宋状元、文学家陈亮画像

南宋礼部尚书王应麟画像

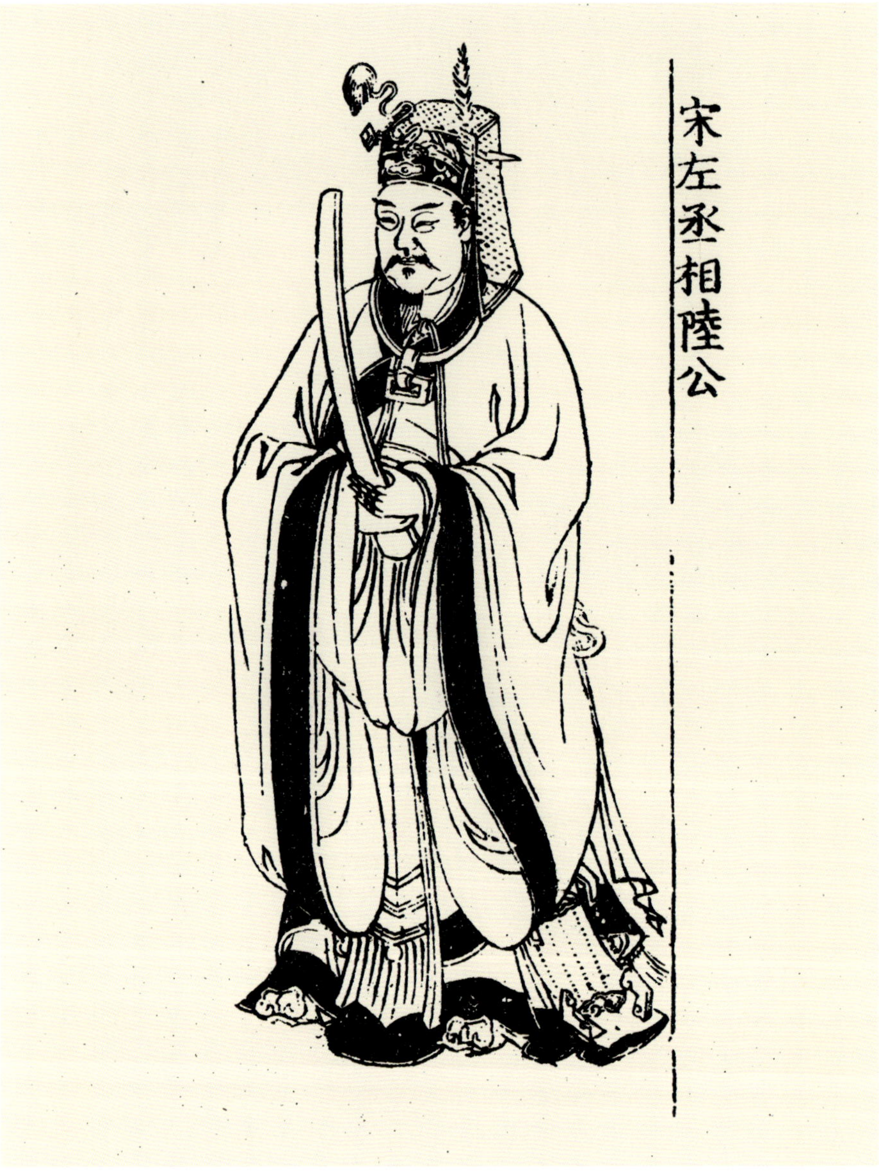

南宋左丞相陆秀夫画像

元昭文殿大学士姚枢画像

元奎章阁侍书学士虞集画像

明开国功臣越国公胡大海画像

明都察院左都御史、心学创立者王守仁画像

明刑部尚书王世贞石刻像

明内阁首辅王锡爵画像

明礼部尚书孙继皋画像

明国子监祭酒陈仁锡石刻像

明蓟辽都师袁崇焕石刻像

明末清初三大儒之一孙奇逢画像

南明兵部尚书陈邦彦画像

南明兵部尚书、明诗殿军陈子龙画像

明清之际三大思想家之一王夫之画像

清经学家、地理学家胡渭画像

清刑部尚书王世祯画像

清刑部、户部侍郎田雯画像

清吏部尚书王安国画像

清太仆寺卿陈兆仑画像

清乾嘉三大家之一袁枚画像

清湖南巡抚陆耀画像

清著名文学家、桐城派三祖之一姚鼐画像

清乾嘉学派代表人物、著名藏书家孙星衍画像

清礼部尚书姚文田画像

清礼部左侍郎陈用光画像

清闽浙总督孙尔准画像

清内阁学士兼领礼部侍郎姚元之画像

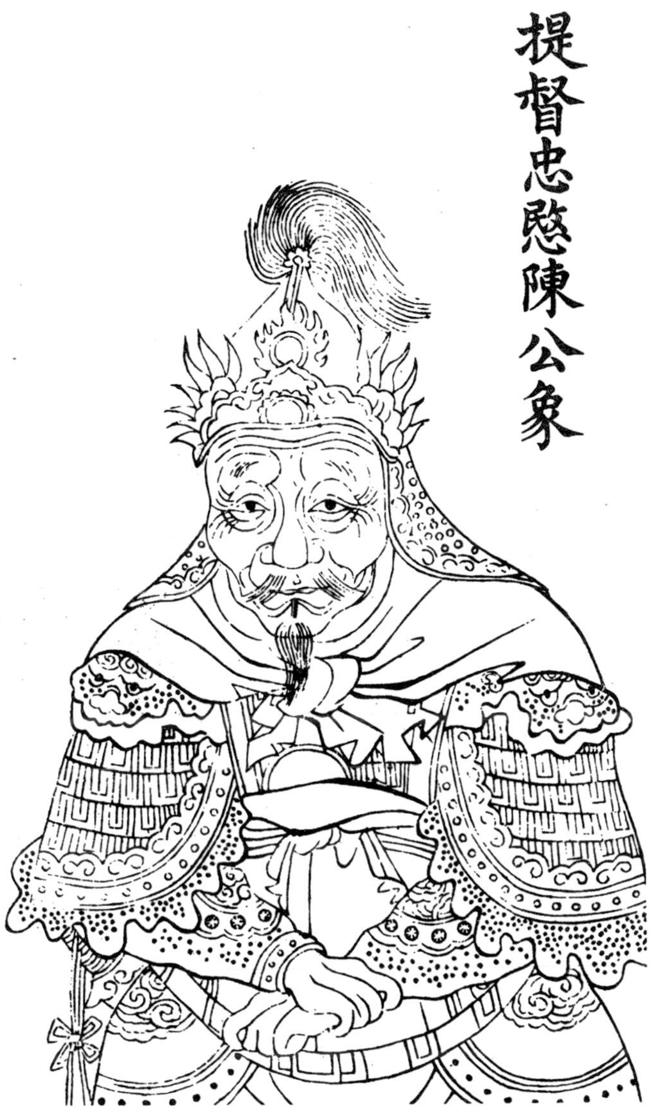

清江南提督、民族英雄陈化成画像

虞舜相关人物关系、履历与遗迹表

部落名	名称	人物关系	官职及履历（舜时）	纪念性建筑、相关自然风景
高辛氏	帝喾	帝尧之父	五帝之一	
	后稷	帝喾长子	舜臣；弃主稷，负责农事	稷王庙
	契	帝喾子	舜臣；为司徒，负责教化、民政事宜	
陶唐氏	帝尧	帝喾子	五帝之一	帝尧坟、帝尧庙
	丹朱	帝尧长子	被封于丹渊，称帝三年，后改封为“房邑”侯	丹朱庙
	许由	帝尧之师	尧舜时任四岳、秩宗与理官	洗耳河
有巢氏	巢父	许由友	发明房屋；不受尧禅让；大禹时封有巢氏	巢父墓
高阳氏	颛顼	帝舜六世祖；黄帝次子昌意子	五帝之一	
	瞽叟	舜之父；颛顼五世孙		瞽叟坟
	握登	舜之生母；瞽叟妻	握登见大虹意感而生舜于姚墟	握登坟
有虞氏	帝舜	颛顼六世孙	五帝之一；举八元八恺，放四凶，命官职，治洪水	舜陵、舜庙、舜祠、舜井、舜帝广场、舜帝纪念馆、石刻及考古遗址等
	象	瞽叟子；舜之后母生	象傲；舜继位后封于有庳	象鼻亭、象山公园、象鼻峰、栎林庙
	娥皇	舜之元妃；尧之长女	帮助舜脱险；死后化为湘水之神	湘妃祠、潇湘庙、娘娘庙、二妃墓等
	女英	舜之次妃；舜子商均之母	帮助舜脱险；死后化为湘水之神	女英祠、湘妃祠、潇湘庙、娘娘庙、二妃墓等
	商均	舜长子；女英子	舜死后，称帝三年	商均祠
	伯夷	共工玄孙	舜臣；为秩宗，负责礼教事宜	
	夔		舜臣；为典乐，负责乐教事宜	夔龙庙
	龙		舜臣；为纳言，负责出纳王命之责	夔龙庙
	垂		舜臣；为工，负责手工作坊事宜	
高阳氏	皋陶	帝少昊之女女修子	舜臣；为大理官；主刑法，制订五刑	
	伯益	舜婿；皋陶子	舜臣；为虞，负责山泽畜牧事宜	
夏后氏	大禹	黄帝的玄孙；颛顼孙	尧舜时为司空；治水；即位后建立夏朝	大禹陵

后记

这本《虞舜大典·图像卷》的成书，是集体智慧的结晶，这不仅是因为本书的辑录整理是由多人集体完成的,还因为在图像采集整理过程中,得到了许多人的帮助。

2015年初，《虞舜大典》编委会参照《近现代文献卷》的模式，委托陈仲庚牵头，邀约几位同仁，组成编辑组，辑录整理《图像卷》。接到任务以后，编辑组首先采取集体行动，围绕九疑山舜帝陵及其周边的舜文化遗迹，到现场采集相关照片；取得一定经验后，再分组到外地采集。针对舜文化遗迹密集的省份，分成三个小组赴山东、山西和浙江，重点是去现场拍摄照片，同时也请求当地相关人士提供支持。在这一过程中，很多学者和朋友给予了无私的帮助。

编辑组去九疑山舜帝陵采集照片时，宁远九疑山舜文化研究会的学者欧利生、周九宜、张介立等同仁，不仅全程陪同到现场拍照，还将他们多年来所收集到的照片全都提供给我们。湖南省舜帝陵基金会郑运生先生选出了最精彩的照片提供给我们。东安县人大常委会主任文高平也给我们提供了精美照片。

编辑组去贺州采集照片时，得到了贺州学院成人教育学院院长毛廷贵等老师的大力支持。去梧州采集照片时，得到了梧州学院文法学院党委书记羊展文等老师的大力支持，全程陪同到现场拍照。到桂林采集照片时，得到了广西桂学研究会桂林办事处的大力支持，桂林市委党校陈宪忠教授等全程陪同到现场拍照；桂林虞山公园管理处卿长文同志提供了相关帮助。

编辑组分成三个小组到山东、山西、浙江采集照片时，得到了当地同仁的大力支持。

山东小组得到了山东大舜文化研究会副秘书长兼办公室主任赵志刚同志的支持，研究会成员惠荣荣、杜有林等同志全程陪同考察了舜文化在济南的分布，并提供了大量活动和宣传照片；山东曲阜师范大学文学院领导介绍了舜文化在曲阜的分布情况；山东菏泽学院社会科学系主任曹金祥教授、菏泽历史文化与中华古代文明研究会会长潘建荣等同仁全程陪同考察了菏泽舜帝考古遗址，并提供了相关照片。

山西垣曲县舜文化研究会会长吕步震给我们寄来了“舜乡系列文化丛书”，弥补了本书山西学术研究活动资料的不足。

浙江小组到绍兴采集照片时，首先得到了绍兴文理学院虞舜文化研究专家俞婉君女士的大力支持，陪同到越城区王坛镇舜王庙、王坛镇胡墩村大舜庙进行考察和拍照，还提供了王坛镇舜王庙祭舜大典活动和庙会活动的照片。到绍兴上虞时，得到了上虞区虞舜文化研究会会长吴宝炎先生的大力支持，陪同考察了上虞中华孝德园大舜庙、上虞信义广场、上虞栎林庙等舜文化相关遗迹，并提供了上虞大舜庙祭舜活动、上虞第二届虞舜文化研讨会等相关照片，还邀请小组成员参加了“上虞虞舜文化研究会上浦镇中学分会成立仪式”，让我们采集到了虞舜文化进中学、普及到青少年的珍贵照片。

河南濮阳也是舜文化遗迹集中分布地，由于某些特殊原因，我们未能前往，但濮阳县文化广电旅游局魏新灵主任给我们寄来了濮阳舜文化遗迹的照片。岳阳楼君山岛景区办公室尹明伟同志向我们提供了景区二妃遗迹的照片。韶山快乐假期国旅社杨华容、彭杨同志提供了韶峰的相关照片。另外，湖南科技学院 2013 级学生曾君艳提供了郴州舜文化遗迹相关照片，2015 级学生杨学晶提供了山西运城稷山县舜文化遗迹相关照片。

对以上给我们提供帮助的专家学者和朋友，在此一并表示衷心的感谢！

尤其要表示感谢的还有北京大学研究尧舜传说的权威专家陈泳超教授，几年前在我们辑录整理《近现代文献卷》时就提供了指导和帮助，此次又将他多年来在山西及山东考察舜文化遗迹所拍摄的照片发给了我们，弥补了两地照片采集的不足。

本书所辑录的图像资料，或由专家学者和朋友们提供，或由编辑组成员自己拍摄，还有一小部分是通过当地旅行社获得的。因为图像资料来源的复杂性，所以都没有署名；如果有涉及版权的问题，请与我们联系。

在书稿整理成书的过程中，还得到了陆魁宏、王兴国、高至喜、袁家荣、周甲辰、尤慎、陈建华、唐太培、孙吉升等专家学者的大力支持与协助，在此一并感谢！

本书能够得以出版，得到了宁远县委、县政府刘卫华、唐何等领导同志的大力支持，湖南科技学院陈弘、曾宝成等领导给予了有力的支持，湖南省舜帝陵基金会陈金荣等领导也给予了支持，在此一并致以衷心感谢！

在书稿出版的过程中，同样得到了岳麓书社的领导与同仁的帮助和支持，尤其是文博考古编辑部管巧灵主任、王文西副主任和邱建明编辑，为本书的编辑整理付出了辛勤的劳动，在此，我们由衷地感谢他们为书稿的顺利出版所付出的心血与汗水！

本书的图片编排整理工作，主要由肖献军、沈德康和诸文杰三位年轻人完成。沈德康撰写了“凡例”，宁远相关图片的文字介绍由诸文杰完成，山西人文遗迹图片的文字介绍由杨增和完成，舜文化遗址分布图及余下的文字介绍由肖献军完成，陈仲庚做了最后的统稿工作。

辑录整理者　谨识

戊戌年　仲夏

图书在版编目(CIP)数据

虞舜大典.图像卷/湖南省舜文化研究会,湖南省舜文化研究基地,
九疑山舜文化研究会编.—长沙:岳麓书社,2018.10
ISBN 978-7-5538-0922-9

Ⅰ.①虞...　Ⅱ.①湖...②湖...③九...　Ⅲ.①舜—史料—汇编
Ⅳ.①K827=1

中国版本图书馆 CIP 数据核字(2018)第 179895 号

YUSHUN DADIAN · TUXIANG JUAN
虞舜大典·图像卷

编　　者:湖南省舜文化研究会
　　　　　湖南省舜文化研究基地
　　　　　九疑山舜文化研究会
责任编辑:管巧灵　王文西　邱建明
责任校对:舒　舍
封面设计:胡　颖

岳麓书社出版发行
地址:湖南省长沙市爱民路 47 号
直销电话:0731-88804152　0731-88885616
邮编:410006
岳麓书社网址:www.yueluhistory.com

2018 年 10 月第 1 版第 1 次印刷
开本:787mm×1092mm　1/16
印张:53.75
字数:774 千字
ISBN 978-7-5538-0922-9
定价:1500.00 元

承印:雅昌文化(集团)有限公司

如有印装质量问题,请与本社印务部联系
电话:0731-88884129